Sánate
Guía a la energía

Jennifer Scordamaglia

Sánate: Guía a la energía...

Aviso legal: La información de este libro es únicamente con fines educativos e informativos basados en experiencias personales. No pretende sustituir el asesoramiento médico profesional, diagnóstico o tratamiento. Siempre consulta con tu médico u otro profesional sanitario cualificado para cualquier pregunta que puedas tener sobre una condición médica. El autor y el editor se abstienen de cualquier responsabilidad por cualquier pérdida o daño sufrido como resultado del uso o aplicación de cualquiera de los contenidos de este libro.
Para consultas: info@guidetoenergy.com

Número de control de la Biblioteca del Library of Congress Control Number: 2026907948
ISBN: 979-8-9943583-2-0

A mi dedicado colectivo de veintisiete meditadores nómadas, a mi marido y al difunto Dr. Don Pedro Joaquín Valencia, todos cuya sabiduría y guía encendieron este viaje.

Y a todos los buscadores de la verdad y la luz interior,
que estas páginas despierten su verdadero potencial y sanen el mundo interior.

Índice

Introducción:
Mi viaje para desbloquear la verdadera energía

Durante los últimos diecisiete años, he seguido un camino extraordinario, guiada por un colectivo dedicado: veintisiete meditadores nómadas, mi marido y el difunto Dr. Don Pedro Joaquín Valencia—un médico pionero, sexólogo e investigador que pasó sus últimos dieciséis años de jubilación estudiándome a mí y a otros. Juntos, unimos la ciencia con la energía sexual, identificando las raíces ocultas de los problemas de salud ligados a nuestros patrones íntimos y descubriendo una sanación profunda a través de prácticas energéticas. En 2009, tomé una decisión audaz: conceder a esos veintisiete meditadores acceso sin restricciones, las 24 horas del día, las 24 horas del día, los 7 días de la semana. ¿Su misión? Para sanar y reavivar, el don innato de la energía que percibían estaba siendo secuestrado por la negatividad. Cada aclaración de este libro—canalizada, meditada, rigurosamente puesta a prueba y demostrada—proviene de nuestro grupo de treinta almas. Hemos destilado lo que realmente funciona de lo que no, lo que ha llevado a cambios transformadores en mi cuerpo, mi vida y la vida de incontables personas. Aunque algunos conceptos aquí pueden evocar verdades universales encontradas en otros lugares, nunca he recurrido a fuentes externas. Mi conocimiento es puro, nacido de nuestras meditaciones y experiencias directas—sin filtros de libros, gurús o tendencias. He vivido cada prueba y error, asegurando la autenticidad de lo que comparto. ¿Por qué? Porque la verdadera sabiduría exige la encarnación personal. Emprenderemos un viaje paso a paso: explorando la esencia de la energía, cómo funciona tu mente en medio de fuerzas invisibles y formas prácticas de aprovecharla para la resiliencia, el éxito y la realización diaria en todos los niveles: físico, emocional y espiritual. Luego, a mitad de camino, nos sumergimos en el corazón de la misma: la energía sexual. Hace diecisiete años, el sexo me parecía como para la mayoría: una fuerza abrumadora y misteriosa, a menudo malinterpretada y mal gestionada. Pero descubrir la verdadera mecánica del cuerpo desata una caja de Pandora de revelaciones, rompiendo ilusiones sobre lo que es "normal" o "inevitable". Desde mi punto de partida —un canal 100% bloqueado ahogado en negatividad— hasta un flujo abierto del 99% de positividad, he navegado los obstáculos: superar hábitos dañinos, sanar sin la medicina convencional y presenciar el marcado contraste entre el mal uso (que sabotea la salud y la vitalidad) y el dominio (que enciende éxtasis, renovación y despertar). Con mis propias palabras crudas, te guiaré a través de estos descubrimientos, dándote poder para tomar decisiones más sabias y aprovechar el potencial inexplorado de la humanidad. Esta no es solo mi historia—es un modelo para las futuras generaciones. Una advertencia: algunas verdades aquí pueden desafiar tus creencias, provocar incomodidad o provocar arrepentimiento. Abrázalos. La apertura es la clave del crecimiento. Vivir ciegamente no sirve a nadie; Juntos, podemos orientar la energía del mundo hacia la luz y la sanación. ¿Estás listo para empezar?

Vida

Todos nacemos positivos y conectados a esta fuente de vida, la energía, el llamado éter. Aquí es de donde venimos, aquí es donde vamos después de terminar nuestra etapa en este mundo, aquí es donde se supone que debemos reponernos y volver si es necesario o continuar. Si entendemos que esta conexión es algo que nos viene de forma natural porque es nuestro origen, podemos intentar ver la importancia de mantener viva esta conexión a lo largo de toda la vida, para que se vuelva más indulgente hacia el lado positivo y no hacia una vida difícil, llena de luchas o sufrimiento.

Nos apropiamos la mayoría de las cosas que nos suceden en la vida. Algunas son pura injusticia y sin justificación, claro. No hay una fuente superior que lo acepte o lo niegue. La verdad es que, a veces, la energía negativa gana en algunas vidas. No entiendo muy bien por qué todavía, pero debe tener algo que ver con nuestras vidas pasadas. Cuando actuamos negativamente, volveremos en situaciones más difíciles, con más lucha, desde abajo, dependiendo de la gravedad de nuestras decisiones en vidas pasadas.

Por cada buen acto que haces, por cursi que suene... Serás recompensado. No es algo que te recompense tanto como a ti mismo. Creas una energía hermosa; atraes una energía preciosa. Cuanto mayor es la vibración de esa energía, mayor es la recompensa. Estamos aquí para aumentar nuestra frecuencia y alcance energético. Porque al final, la Tierra es solo segundo grado. Hay mucho más ahí fuera que ni siquiera podemos empezar a comprender.

Nuestra vida depende de quienes nos crían para un porcentaje de ella, pero si lo piensas, es un porcentaje tan pequeño comparado con el resto de nuestra vida. Aunque la base de nuestra vida se determina en los primeros años de nuestra existencia en esta tierra, eso no significa que esta sea la energía que nos defina el resto de nuestra vida. Siempre tenemos la opción de reprogramarnos, de reinventarnos, sin importar la edad que tengamos; Nunca es demasiado tarde, solo si tú decides que lo es.

Empezar a entender que la información que nos daban nuestros padres era tan limitada entonces que era lo mejor que podían hacer para influirnos en ciertas materias que podrían haber sido bastante tabú en la época en que crecieron, y que empeoraron o incluso degeneraron cuando estábamos en una etapa juvenil. En otras palabras, todo esto se ha ido al traste durante décadas. La realidad se ha desplazado, y las personas viven en una realidad artificial en lugar de la espiritual. La artificial terminará para ti, pero la espiritual hará que el siguiente paso sea mucho más fácil porque somos seres espirituales.

Es importante que veas tu vida desde otra perspectiva, como si no fuera la tuya, para poder analizar a tus padres desde una perspectiva externa. Ser indulgentes y comprensivos, perdonar porque solo nos enseñaron lo que les enseñaron y lo que consideraban correcto para ellos en ese momento. Algunas personas no reciben amor en su juventud simplemente porque quienes las criaron nunca sintieron lo que era el amor, así que si lo pensamos, debemos retroceder en muchas generaciones anteriores, desde abuelos hasta bisabuelos, y más adelante para entender realmente cómo y por qué nuestra educación en casa fue como fue. Nuestros antepasados y traumas familiares, incluso aquellos de los que nunca hemos oído hablar y de los que nunca llegaremos a saber, están con nosotros en nuestro linaje y genes. Nos corresponde a nosotros descifrar todo lo que vivimos hoy en nuestra vida actual e identificar cuáles de esas características nos pertenecen o pertenecen a alguien de nuestra línea de ascendencia de la que debemos desprendernos y sanar por esa persona para que este círculo vicioso de traumas familiares finalmente encuentre su fin en alguna generación. Quizá vienes de una familia amorosa donde todo estaba perfectamente explicado para ti, y estabas bien educado en todos los niveles, y nunca te pasó nada malo. Quizá vienes de una familia donde tus padres trabajan demasiado y no tuvieron tiempo suficiente para criarte. Saltabas de familia en familia, o de casas de acogida, o de estilos de vida muy negativos, y nunca estuviste realmente rodeado de amor, afecto o buenos ejemplos. Así que me gustaría comenzar este viaje reconociendo nuestras raíces, quiénes y de dónde venimos, las enseñanzas que recibimos y la falta de enseñanzas que podríamos habernos perdido. Siguiendo con la pregunta: ¿recibimos suficiente amor cuando crecíamos, sentimos que teníamos una compañera cuando más lo necesitábamos, nos sentimos apoyados, nos sentimos seguros? Todo esto tendrá un impacto importante en el carácter y la persona que somos hoy. Así que, si queremos abrir nuestra mente a nuevas posibilidades de una vida mejor, lo primero que debemos hacer es entender sin justificación, aceptar y perdonar a quienes tuvieron un gran impacto en nuestra base cuando eran niños. Porque si no vienes de un lugar de calidez y positividad, tu mejor reinicio es intentar poner en perspectiva por qué quien te crió era como era, qué trauma les hizo actuar de ciertas maneras, y perdonar su alma. Esto desconectará el dolor. Algunas personas dicen que nunca perdonarán. Por muy horrible y acertado que seas, la única persona a la que estás haciendo daño por no perdonarte eres tú mismo. Te perdonas a ti mismo para sanar, para permitirte dejar ir ese dolor. Si no acoges este cambio y no estás abierto a un nuevo comienzo, nunca ocurrirá por sí solo.

Si nunca has tenido un ejemplo de amor, nunca sabrás cómo dar amor, pero definitivamente aún tienes la oportunidad de aprender.

Vivimos en una época de la sociedad donde la cultura energética, la familiar y los cimientos están totalmente rotos. Se construye un sistema para crear grietas en la estabilidad de una familia, donde los padres apenas tienen tiempo para ellos y sus hijos. La gente espera que las instituciones traigan enseñanzas valiosas a su hogar cuando lo único que les importa es tener otra oveja en el rebaño a la que puedan manipular y de la que puedan beneficiarse. La libertad llega de muchas maneras, pero las más importantes son las que no puedes ver. ¿Qué tan libres son tu mente, espíritu y energía? ¿Cuánto tiempo dedicas realmente a tu crecimiento espiritual, a tu bienestar y a tu verdadera felicidad? ¿Cuánto tiempo dedicas a intentar ser alguien aceptado por las normas de la sociedad, sin cuestionar ni dudar de nada de lo que te dicen, porque lo único que te importa es ser aceptado? No estamos hechos para encajar. Si intentas encajar en una sociedad cuyo mundo está roto, tú también te estás rompiendo a ti mismo. Estamos destinados a destacar e iluminar a tantas personas como podamos con nuestro despertar. Pero primero, debes despertar.

Espero que más adelante en esta lectura encontréis algo de claridad en el camino que buscas, donde haré todo lo posible por transmitir mi experiencia personal de energía y crecimiento personal a quienes buscáis volver a conectar con vuestro verdadero yo. Ahora que tu mente está abierta...comenzamos...

Comprensión
Lo que somos

Para entender lo que somos, primero debemos abrir nuestra mente al concepto de nosotros como infinitos. Venimos del infinito, y somos parte de él en pequeñas partículas. Respira hondo por la nariz, suéltalo durante 3 segundos y exhala expulsando el aire por la boca, luego cierra los ojos durante 10 segundos pensando en esto: imagina un espacio donde todo a tu alrededor es blanco rodeado de brillo, la sensación de ingravidez y una serenidad y ligereza profundas donde no hay preocupaciones, Sin tiempo, sin pensamientos, solo existencia y realización.

Todos recordamos de dónde venimos; Simplemente está profundamente hundido en nuestro subconsciente, enterrado bajo ideologías, costumbres y cultura. Nacemos con un disco duro borrado para que nuestro viaje vuelva a ser único, esa es la idea, pero podemos acceder a nuestras vidas anteriores si eso es lo que queremos. ¿Y si, desde el momento en que nuestro cerebro se activó, nuestra absorción de la realidad fuera tan diferente? ¿Y si nunca nos enseñaran una religión, ni modales culturales, ni siquiera un idioma? ¿Importaría? ¿No tendríamos otra forma de comunicarnos? Nuestra alma es la posesión más valiosa de la galaxia; Es una fuente de energía infinita, y el cuerpo que llevamos es un recipiente que necesita ser ejercido para que esta fuente de poder prospere.

Venimos de un lugar llamado Éter. La ciencia, por lenta que sea en cuanto a temas energéticos y espirituales, ha demostrado por una vez que cuando nuestro alma abandona nuestro cuerpo, nuestro cuerpo físico es una onza más ligera y nuestro alma viaja a lo que han descubierto que es otra galaxia, que ya nombraron, pero es el Éter. Este es el lugar donde el tiempo y el espacio no existen; Es un espacio de plenitud, un espacio de ligereza, un espacio de integridad, un espacio de esperanza y positividad, y es un espacio donde ves las cosas de forma muy diferente a nuestro ámbito físico, sin prejuicios, ideologías ni normas. Lo que nos da la sensación de que necesitamos juzgar lo que ocurre a nuestro alrededor está 100% influenciado y afectado por ideologías que nos han enseñado desde el momento en que llegamos a este planeta. Así que, si elimináramos nuestra llegada a este reino físico y basáramos nuestra percepción únicamente en nuestra energía y la energía de los demás, probablemente no pensaríamos como lo hacemos en nuestra vida cotidiana. Nacemos ligeros; en el momento en que llegamos a esta tierra; Nuestra luz debe ser protegida y alimentada de la energía de nuestros padres o de quienes nos crían. Si, por la razón que sea, nos privan de esa protección, somos vulnerables a absorber energías negativas a nuestro alrededor, porque, por si no lo sabías, hay una batalla interminable en el universo entre lo positivo y lo negativo. Igual que en las películas. No eres consciente de ello porque estás viviendo tu vida. Pero cuando te integras en ser un trabajador de luz como yo, te expones a otras realidades y dimensiones, lo que hace la vida mucho más interesante. Así que, en el momento en que haya pureza en algún lugar de este planeta, la negatividad siempre intentará encontrar la manera de corromper esa energía para que simplemente no marque la diferencia, lo que significa que si tienes una misión fuerte que cumplir, estará esperando para atacar. Puede que pienses que es un poco injusto que nazcamos tan frágiles y casi nos arrojen a un océano lleno de tiburones, pero esa es la vida que elegimos cuando decidimos venir aquí. Elegimos venir a esta escuela para aprender de los desafíos que nuestra alma debe superar para ascender a un nuevo nivel de grandeza. Por si no lo sabías, este no es el único planeta que existe, ni el mejor planeta para vivir, pero estamos aquí por una razón. He visto planetas igual que el nuestro, pero más avanzados, igual que he visto planetas donde una especie animal aquí tiene su propio planeta en otro lugar... Es infinito, y no hay imposible. Que unos pocos estén esperando pruebas de la existencia de otros no significa que quienes están conectados necesiten pruebas científicas. Cuando te conectas, puedes conectar con cualquier tipo de energía en el universo, solo tienes que elegir tu frecuencia. Me gusta pensar que si alguien lo imaginó, debe de ser real en algún lugar. No creo que "creamos" ideas; Creo que las "descargamos". Nuestra energía es esta historia infinita de información transmitida desde nuestras vidas pasadas y nuestro linaje, como un motor de memoria sin límites.

Así que, cuando nacemos, nuestra percepción se abre, nuestra sensibilidad se abre, nuestro tercer ojo se abre, nuestra pureza y nuestra energía vital son infinitas. Cuanto más tiempo pasamos en la Tierra a medida que pasan los años y crecemos, no solo nuestra energía la alimentan quienes nos cuidan al principio, sino que también somos una pequeña esponja preciosa que absorbe toda la información y ejemplos que podemos porque nuestra mente está aprendiendo. Son los momentos en los que empezamos a ser censurados, privados, reprimidos, cuando nuestra energía empieza a apagarse o a ponerse en estados vulnerables. Son las veces que nos presentaron a algo distinto a nuestra inocencia, nos expusieron al daño, al dolor y a la tristeza. Verás, el momento en que de niño pasas por un estado vulnerable, que puede ocurrir si te gritan muy fuertemente, o te descuidan, o pasas por un momento de profunda tristeza... Estos son los momentos en que tu círculo perfecto de protección a tu alrededor, el que debe darte la protección de entidades negativas es tu cuidador, sino se abre el paso a que te influyan. Por eso es tan importante que cualquiera que elija ser padre o madre se asegure de que, haga lo que haga un niño, nunca se encuentre en una situación de llanto incontrolable o de desinterés, para no romper la protección energética y hacer que el niño sea vulnerable. Enseña siempre con amor y disciplina, paciencia, pero también con firmeza.

Lo sé porque mi primera posesión fue a los ocho años, después de que me gritaran y lloraran sintiéndome impotente y no deseada; en ese momento algo saltó a mi cuerpo y me tiró al suelo. Desde ese día, me convertí en una niña rebelde. Nunca hagas que un niño se sienta no deseado, no querido, indefenso o sin valor; Estos romperán inmediatamente su escudo protector, y cuando los niños son destinados a hacer misiones de energía o ayuda a las personas, son más atacados desde pequeños.

Somos un tubo flexible y elástico desde nuestros genitales hasta la garganta, que es el paso de energía y electricidad del cual entraremos en más detalles en los próximos capitulos.

Nacimiento

El parto se supone que es la experiencia más placentera para una mujer. Traer vida a este mundo. Su regalo definitivo para continuar la existencia. La razón por la que tenemos nuestros genitales es básicamente para crear. Cualquier dolor que ocurra durante el parto se transfiere al bebé como un trauma de nacimiento. Estas emociones de dolor se transmiten al recién nacido en su estado más vulnerable, cuando pasa del mundo espiritual al mundo físico. Teniendo en cuenta que ya hemos estado absorbiendo sentimientos e información antes incluso de nacer, es fundamental que los embarazos estén llenos de amor y paz.

Imagina que la primera emoción humana conocida a la que se nos expone es dolor y trauma, gritos, movimientos agresivos y golpecitos en la espalda. Esto es algo que se registra en nuestro subconsciente, la primera emoción conocida que aprendimos fue el dolor y el sufrimiento, y si no podíamos ser entregados de forma natural, recibíamos ayuda para entrar en este mundo, que es nuestra primera lección; Necesitamos ayuda para hacer cualquier cosa en la vida.

Los hospitales están llenos de mujeres con problemas de salud, muchas de ellas originadas por el sexo, y ni siquiera lo saben. Aquí fue donde empezó nuestra investigación. ¿Cómo puede afectar el sexo a nuestra salud y al nacimiento?

La realidad es que si nuestro canal físico (cuerpo) está completamente abierto y sin traumas, puede dar a luz a un bebé perfectamente sano en un momento muy placentero. Quizá hayas oído hablar de mujeres increíblemente jóvenes que parieron en un baño sin saber lo que acababa de pasar. Cuando el cuerpo femenino está sano, tiene la capacidad perfecta de estirarse y tensarse sin trauma ni dolor. Así como hay control sobre la garganta, también debería haber control sobre el yoni; Es cómo estamos hechos y lo que la naturaleza decidió por nosotros hasta que fuimos en contra de ella.

El dolor es lo que ocurre cuando nuestro canal empieza a cerrarse. Cuando digo canalizar, me refiero desde la boca hasta la punta de los genitales, para las mujeres, los labios, para los hombres, la punta. Esto, lamentablemente, se cierra cuando tenemos encuentros sexuales que generan negatividad. Es como si fueras un palo de luz fluorescente y entrara un insecto; Atenúa parte de esa luz. Nos pasa lo mismo en la vida real. Si empezamos a usar nuestra energía sexual desde temprano en la vida, es decir, mientras aún está en la pubertad, corremos el riesgo de ser engañados o desgarrados porque nuestra capacidad para tomar buenas decisiones sigue en proceso. Cuando ocurre un engaño, es cuando se crea la negatividad, y comienza como un bloqueo. Recuerda que somos la luz, y la oscuridad siempre está esperando un golpe. El propósito principal de la existencia de la negatividad es cerrar los canales, para que las personas den a luz en condiciones traumáticas y creen ciclos de generaciones rotas, cerrando canales de luz para que haya más oscuridad en el mundo.

Vienes de escuchar todo lo que tus padres contaban mientras estabas en el vientre. Esta es tu primera programación. ¿Has oído amor? ¿O rechazo? ¿Tus padres te querían? ¿Querían un niño en vez de una niña? Esta es tu semilla en la vida, y como no podemos esperar que rindan cuentas, más adelante debemos actuar para sanar esas heridas que están en nuestro subconsciente y afectan nuestra vida diaria.

Ahora bien, tener traumas de parto no significa que nazcas con negatividad. Solo significa que tienes más eslabones débiles, así que cuando crezcas, serás un poco más susceptible a la energía negativa que otros. Por ejemplo, si un bebé nace en condiciones muy dolorosas y con dificultades, tendrá abolladuras en su energía, pero más adelante podrá lograr vivir una vida plena y positiva si está rodeado de positividad.

Si están rodeados de negatividad, es más probable que estos traumas surjan de sus genes. Los malos genes se activan cuando ocurren situaciones traumáticas, y la negatividad los enciende. En otras palabras, si vienes de una familia alcohólica y creces en ese entorno, estarás más expuesto a la energía tóxica, lo que encontrará la manera de despertar tus genes negativos. La energía negativa conoce tu debilidad, y si tenemos rasgos (enfermedades, promiscuidad, alcohol, drogas, fracaso, fobias, traumas), llegará hasta nosotros para despertar esos genes. Por eso tu acervo genético no es responsable de la genética negativa; Tú o quien te crio eres responsable de despertar los genes negativos dentro de ti. Estos solo se despiertan cuando se alimentan. Si te alimentan con amor y energía positiva, solo surgirán los genes positivos; Si tienes momentos traumáticos, esos momentos desencadenan los genes negativos.

Necesitamos un canal perfectamente elástico, especialmente en los genitales de las mujeres, para que la energía, la vida, pueda fluir constantemente por ahí. Tener elasticidad en el núcleo es muy importante para un cuerpo y un canal sano. Esto resulta en solo placer y no dolor. Nada más que placer debería sentirse en los genitales de la mujer.

La circuncisión es una modificación de los humanos por parte de los humanos. La naturaleza hizo al hombre con prepucio de forma natural. La extirpación de la piel fue implementada por una religión y luego los médicos de esa religión empezaron a recomendarla como más higiénica, lo cual es ridículo porque puedes mantenerla limpia como cualquier otra parte del cuerpo. Esta "tendencia" se popularizó solo para mantener la dominación masculina sobre la sociedad. En realidad, la punta del lingam o miembro, que es la parte más sensible del cuerpo del hombre, debería estar cubierta, porque cuando está expuesta, raspa la ropa, haciendo que pierda sensibilidad y haciendo que los hombres sean más agresivos con sus parejas. Puede que no estés de acuerdo, pero solo ten en cuenta que cualquier sentimiento que tengas puede ser más fuerte, solo necesitas concentrarte un poco más para recuperar la sensibilidad, si no has tenido hijos esto quizás te haga tomar una decisión diferente, o no, solo son opciones de mantener a la naturaleza intacta.

La naturaleza hizo al hombre perfecto. Cualquier cosa que hagan los humanos para alterar la perfección es una manipulación de la perfección sin necesidad.

La ayuda al parto empezó cuando las mujeres perdieron información sobre el sexo. Además, la necesidad económica de crear más empleos creó especialistas en campos que nunca antes se necesitaban y que no lo serían si una cultura de la naturaleza siguiera viva. Debemos romper el ciclo del consumo incluso en el ámbito médico y volver a nuestro estado natural tanto como sea posible.

Si quieres sanar desde tu nacimiento, el siguiente ejercicio es muy sencillo pero puede llevar tiempo.

Ejercicio

Encuéntrate en un lugar tranquilo donde estés seguro de que no habrá interrupciones, en la oscuridad si es posible, o con cubiertas para los ojos. Busca una posición cómoda donde puedas entrar en un estado meditativo profundo. Como en cualquier meditación, empieza relajando tu cuerpo músculo a músculo, hasta que ya no sientas tensión en la posición que elijas. Cuando te sientas lo suficientemente cómodo, te ordenarás a ti mismo que te lleve a tu estado de nacimiento. Necesitas establecer una intención para la práctica antes de profundizar, así que para hacerlo, primero irás a la primera imagen que te venga a la mente, hasta donde puedas recordar conscientemente. Estar presente en ese pensamiento y luego intentar retroceder aún más.

Sé qué crees que no lo recordarás, quizás no la primera vez, con el tiempo, todo lo que pasamos está implantado en nuestro cerebro; Solo tenemos que acceder a él. Nuestra mente olvidará todo lo que no nos contagie de dopamina. Nuestro instinto de supervivencia bloqueará los momentos que ocurrieron, pero si los recordamos, y solo causarán daño, automáticamente los oculta. Así que puedes acceder a lo que quieras, solo necesitas concentración y disposición. Donde hay voluntad, hay progreso.

Si no puedes llegar a ese espacio a tiempo en tu primera práctica, no pierdas la esperanza y sigue intentándolo. Te imaginarás dentro del vientre de tu madre, imaginarás el calor, el líquido, la seguridad, incluso te meterás en la postura de bebe si es necesario. Concéntrate en tu memoria hasta que se convierta en realidad. Intenta ver si oyes o sientes algo de lo que puedas ser consciente. Luego digamos que quieres vivir tu momento de nacimiento. Quieres revivir este momento tanto como puedas. Cuando lo hagas, si lo haces, después de la sensación, te imaginarás naciendo en un lugar de paz, tranquilidad, calor, sin ayuda, respirando por tu cuenta, sintiéndote seguro. Si no puedes acceder al recuerdo de tu nacimiento, simplemente imaginarás un nacimiento hermoso, repetidamente, hasta que tu mente registre esto como una realidad. Lo que haces es reemplazar recuerdos por aquellos que más te beneficien.

Recomiendo hacerlo con alguien que pueda guiarte en el proceso de regresión. Pero, si quieres intentarlo solo, puedes hacerlo si se lo dices a alguien para que esté atento a tus necesidades. Esta delicada práctica es una en la que no debes ser molestado, y si necesitas ayuda, no debe haber palabras, solo la presencia de una mano en tu brazo será suficiente para que te sientas seguro. Estas prácticas no deben tomarse a la ligera, ya que cada persona tiene una capacidad diferente para acceder a estos momentos, algunos más rápido que otros. Todo depende de lo abierto que seas espiritualmente y de lo vulnerable que te permitas ser. Estar en presencia de un ser querido o de un guía espiritual, en mi opinión, siempre se recomienda por seguridad, ya que no queremos que caigas en un momento de desesperación sin que nadie te consuele. Así que solo tú sabes de lo que eres capaz y lo poderosa que es tu mente para lograr estos ejercicios. Solo pide regresar a el exacto momento de tu nacimiento.

Pubertad

En tu infancia, aprendes y estás protegido; mientras no pases por momentos traumáticos que te pongan en un estado vulnerable, estarás bien. Para quienes pasan por etapas vulnerables, simplemente requerirá una mayor resistencia en el proceso de curación más adelante, especialmente en la pubertad.

El momento en que atraviesas la pubertad es cuando tu cuerpo y el éter deciden que es hora de que empieces el proceso de desprenderte de la responsabilidad de la energía de tus padres y poco a poco empieces a prosperar con esa energía por tu cuenta, basándote en tus experiencias personales. El proceso no ocurre de inmediato, y siempre estarás enérgicamente apegado a tus padres, pero cuando llegues a la pubertad y unos años después, esas responsabilidades pasarán a ser solo tuyas y es entonces cuando comienza tu propio viaje personal de karma. La pubertad en un mundo espiritual es el proceso de que tus puntos sensibles despierten por sí solos. Sientes una chispa de energía en la zona del corazón que se refleja en tu tercer ojo y genitales. Empiezas a ser consciente de tus puntos sensibles de una manera más fuerte y los relacionas con una respuesta más física, que asocias con la palabra excitación.

Ahora, de repente, la paz que se supone que debes sentir todo el tiempo, estando bajo el paraguas de tus padres, es algo que tienes que empezar a generar por tu cuenta, convirtiéndote en tu propia fuente de poder, donde tu decisión te hará crecer o decaer. La adultez realmente ocurre por completo una vez que el desarrollo y la pubertad terminan. Entre medias, vivimos algunos de los momentos más definitorios de nuestras vidas. Lo que ocurra cuando estamos en un estado de desapego de la energía de nuestros padres es algo a lo que nuestro cuerpo se adaptará como propio, como una enseñanza. Por ejemplo, si durante la pubertad consumes alcohol, drogas, sexo... Mientras tus órganos y tu cuerpo terminan su ciclo de desarrollo, estos se convertirán en un hábito que se arraigará en el organismo de tu cuerpo, dificultando que se eliminen cuando seas adulto. Si adquieres cualquiera de esos hábitos después de la pubertad, tu cuerpo tendrá suficiente fuerza para protegerse de los vicios negativos.

Siempre doy el ejemplo de la penetración en una etapa temprana del desarrollo de nuestro cuerpo. Imagina que estás horneando un pastel; Tienes un tiempo específico para dejar el pastel dentro del horno para que esté completamente cocido, y haces la prueba del palillo para asegurarte de que no salen migas al tocarlo. Simplemente no está listo aún y necesita un poco más de tiempo para desarrollarse. Eso es exactamente lo que le pasa al yoni de la mujer, lo que le pasa al hígado del cuerpo con el alcohol y a nuestras neuronas con las drogas. Así que puedes entender lo crucial que es que esta migración de la responsabilidad y el desarrollo energético sea lo más perfecta y impecable posible. La naturaleza es perfecta. En el mundo real en el que estamos, la mayoría de los adolescentes atraviesan años difíciles en su pubertad, lo que hace más difícil romper patrones después, pero no imposible.

El momento en que nuestro cuerpo empieza a experimentar los choques de generar energía por sí mismo es cuando sentimos esas mariposas y corrientes recorriendo nuestro cuerpo como una descarga de adrenalina. Desafortunadamente, la mayoría de la gente no tiene esta información, así que piensan que es una descarga de adrenalina que no pueden manejar, y acaban liberando esa energía a través de las relaciones sexuales tempranas. Con las enseñanzas e información adecuadas, este es un momento perfecto para que las personas se involucren en deportes y así puedan quemar parte de esa energía físicamente y activar su energía sexual correctamente practicando meditaciones y prácticas tántricas.

Idealmente, deberíamos empezar a practicar las prácticas de energía sexual físicamente en esta etapa, ya sea solos, con un compañero de confianza, un juguete o incluso un pepino pelado si queremos seguir el camino de la naturaleza y absorber sus beneficios. No te sientas raro o rara con ese comentario, piensa que las mujeres se meten plástico tóxico por el cuerpo, así que un pepino debería tener sentido.

El zumo de pepino actúa como una hidratación perfecta para las paredes de el yoni, y puedes encontrar diferentes tamaños. Los pepinos, que hemos probado, son el mejor remedio natural para el canal yoni; la pieza debe presionar firmemente contra sus paredes durante unos 5 a 10 minutos tan a menudo y necesario como sea posible. Esto puede practicarse a cualquier edad durante o después de la pubertad, dependiendo del desarrollo de la persona. Este es el momento en que se debe aprender a conocer la energía sexual. Entender y aprender a crear energía, no a tener sexo, ni a confundir el acto de elevar y generar energía con el acto sexual. Tener conciencia de lo que está ocurriendo y abrazar la electricidad para el progreso, no para liberar ni centrarse solo en el sentimiento carnal. El placer se presenta de muchas formas, en formas de vida, compañía, afecto y no solo sexuales. Al aprender a mover esta energía, entonces no tendrás lujuria cuando conozcas al otro género, porque tu energía estará en equilibrio y no toda concentrada en la raíz inferior o los genitales. Esto te beneficiará para no cometer errores y compartir tu energía por lujuria con cualquiera, además de mantener tu elasticidad, manteniendo tu cuerpo sano para un futuro mejor y un parto saludable más adelante.

Cuando las personas comienzan a experimentar actos sexuales a una edad muy temprana con la mezcla de diferentes compañeros sexuales, lamentablemente pierden la sensibilidad de algunos puntos de energía o paralizan su activación por completo. El cuerpo tiene miles de puntos sensibles para generar energía, pero aproximadamente 130 principales. Cuando cualquiera de esos miles de puntos se acaricia, sentirás una cantidad increíble de placer en todo el cuerpo, sin necesidad siquiera de penetración. Desde la cabeza hasta la punta de los pies. La realidad es que esos puntos sensibles necesitan ser alimentados con energía positiva para florecer y canalizar energía positiva. Si hay algún tipo de acto negativo implicado, como, por ejemplo, actos sexuales no deseados o relaciones tóxicas que generan cualquier tipo de negatividad, esas acciones crean traumas y atrofias en el cuerpo y la energía. En otras palabras, cualquier acto que realices en una etapa en la que tu energía está despertando (la pubertad) que contribuya a la generación de negatividad, de hecho, debilitará tus puntos de energía y aflojará tu conexión positiva. Ahora, digamos que eres una de esas pocas personas que tienen la suerte de encontrar a su ser querido y alma gemela a una edad muy temprana. Quizá te vuelvas sexualmente activo desde temprano, pero como es en la misma relación estable y amorosa, con actos llenos de amor, no tendrá ningún efecto negativo en tu crecimiento. Aquí, la química de tu cuerpo se acostumbrará a una persona durante toda su vida, así que es perfecto.

La parte más importante de toda esta actividad viene de la intención, el cuidado y el amor, no de ser agresivo. Es muy raro tener una situación sexual en la que el hombre tenga cuidado, amor o respeto por la chica y la trate con amabilidad; normalmente es al revés, los hombres tratan a las mujeres con agresividad porque eso es lo que han aprendido a hacer en vídeos porno o simplemente porque descargan su estrés sobre la mujer. causando o influyendo en el ciclo de un linaje femenino roto dentro de esa familia, especialmente en la pubertad, donde todo es tierno y gentil. Un hombre que ama no siente la necesidad de ser agresivo. Aquí es donde la falta de información y de aprender a tener sexo a través del porno arruinó la sociedad.

No olvidemos la opresión de la que han surgido las mujeres en generaciones anteriores. Muchos de nuestros antepasados pasaron por situaciones de violación. Desafortunadamente, por si no lo sabes, llevamos el peso de nuestros antepasados en nuestros genes cuando llega el momento de tomar decisiones. Por ejemplo, si vienes de una línea familiar donde no solo en la línea de tus padres directos, sino incluso más adelante en tu linaje, hubo algún tipo de trauma, ya existe una gran posibilidad de tener una inclinación negativa de alguna manera dentro de ese tema del trauma. Si te fijas bien, es muy normal que los ciclos familiares se repitan hasta que uno decide cortar la línea. Solo tenemos que tomar conciencia de ellos. ¿Hay algo en lo que creas que tomaste decisiones que no era necesariamente tuya?

La forma correcta de pasar la pubertad sería mantenerse muy activo en las actividades físicas para que la energía en movimiento pueda descargarse. Recuerda que nuestro canal va de boca al centro pélvico, así que respirar con dificultad como en los deportes exhalará energía y liberará la tensión en la zona pélvica. Una vez que tu cuerpo pase por todo el proceso de desarrollo, se estabilizará, sin provocarte subidas repentinas que no puedas manejar. Todo se está acostumbrando y es nuevo para ti, necesitamos más guías.

Otro ejercicio muy bueno para practicar es el trabajo de respiración y la meditación; actividades conscientes como el yoga también ayudan a que la energía fluya en el cuerpo y definitivamente van de la mano con la fuerza y la flexibilidad. Las mujeres necesitan comprar un juguete o encontrar a alguien de confianza con quien ejercitar canalizando energía, lo que también ayuda a mantener la elasticidad de los anillos y la pared yoni. La meditación tántrica se recomienda encarecidamente en esta etapa, que básicamente consiste en reconocer la chispa que está trabajando y controlar su flujo hacia arriba en el cuerpo hacia el cerebro, para que así puedas aliviar la presión sobre la zona genital. Es casi como si tu cuerpo liberara chispas eléctricas por sí solo hasta que finalmente se estabiliza y mantiene un flujo constante. El cuerpo necesita adaptarse, como todo en la vida.

Cuanto más puedas mantener este flujo de energía dentro de ti, liberándolo hacia la actividad física y el trabajo mental, más conectado estarás. Esta es la diferencia entre las personas que parecen fluir con todo en la vida y las que están constantemente chocando contra paredes porque su conexión está escaseando. Es casi como si un cable eléctrico tuviera pérdida de voltaje, así que hay menos abundancia.

Otra cosa que afecta físicamente nuestro futuro es la falta de capacidad que tiene nuestro cuerpo para curarse a sí mismo y crear anticuerpos. Según nuestro médico, que trabajó con nosotros durante más de dieciséis años, pudo demostrar a lo largo del tiempo con sus pacientes que mujeres y hombres que tuvieron una vida sexual ocupada y mixta en la pubertad tienen un sistema inmunitario débil. Esto ocurre porque el cuerpo debe acostumbrarse a la química de otra persona, absorberla y crear anticuerpos para los genes de la otra persona. Esto puede estar relacionado con el olor que desprendes cuando tienes sexo con alguien; Si vuestros cuerpos están sincronizados, no debería haber olor durante ni después del sexo. Si nuestro cuerpo está en desarrollo y lo unimos con los fluidos de otra persona, nuestro cuerpo entenderá que necesita evaluar y crear anticuerpos para el acervo genético de esa persona. Desde su saliva hasta los fluidos íntimos, el cuerpo tarda en crear estos anticuerpos y, unos tres meses después, habrá una condición simbiótica y funcional sin mal olor químico. Pero si hoy hay una conexión sexual o un cambio de fluidos de una persona a otra, luego otro en un mes o una semana, y así sucesivamente, especialmente en tiempos de pubertad, esto crea un choque en el desarrollo de nuestro sistema inmunitario, que confunde el cuerpo hasta que se desploma y deja de producir los anticuerpos adecuados cuando los necesita. Dice: "Crea anticuerpos para los fluidos de esta persona, espera no, ahora esta persona, o esta", y simplemente se corta y se bloquea. Ahora, lamentablemente, has creado un sistema inmunitario débil.

Mujeres u hombres que sufren migrañas constantes, y tras todo análisis médico, no parecen poder ser diagnosticados correctamente porque necesitan alimentar el mal hábito que les han enseñado en su cuerpo durante su desarrollo. Hablaremos de esto más adelante.

Si enseñas a tu cuerpo a no crear anticuerpos y a acostumbrarse al cambio en la química (fluidos) en cortos periodos de tiempo, eso es exactamente lo que tu cuerpo necesitará para corregir su desequilibrio químico más adelante. Se convierte en una necesidad fisiológica, tanto para hombres como para mujeres. Las personas que han sido promiscuas durante la pubertad siempre sentirán que hay un vacío que deben llenar y no estarán completamente satisfechos con solo una pareja después de unos años, serán más propensas a ser infieles o llenarán ese vacío con pornografía, claro que siempre pueden existir algunas mínimas excepciones.

Por eso la pubertad es, al fin y al cabo, la base de nuestro futuro, y es importante adquirir buenos hábitos porque estos estarán muy arraigados en nuestras vidas más adelante y determinarán lo que necesitamos para estar sanos y felices.

Cuando tu cuerpo tiene sexo agresivo y deseo en una fase de desarrollo, tu lubricación también se verá dañada. Esto ocurre porque hay un movimiento brusco o agresivo que puede desgarrar tejido interno, tanto en hombres como en mujeres, afectando los puntos de energía. El cuerpo femenino puede recibir penetración después de estar bien lubricado, así que no hay rugosidad, solo deslizamiento suave. La mayoría de los hombres (no todos) en un estado de pubertad, siguiendo ejemplos del porno, piensan en desahogarse y liberarse, provocando desgarros en el yoni de la mujer. Si hubo momentos bruscos en los que la mujer no está físicamente preparada y seca, esto provoca desgarros, y esto significa que normalmente después de los veintisiete años, la mujer empieza a notar retraso en la lubricación, o ninguno, y normalmente disminuye con la edad. Cuanto menos excitación, menos lubricación, menos deseo y menos energía.

Tanto hombres como mujeres, si solo aprenden a tener sexo de forma agresiva, dañan sus órganos sexuales y se acostumbran a este estilo de sexo, y no a un sexo suave. Los hombres correrán el riesgo de moldear su lingam para canalizar solo negatividad, perdiendo sensibilidad, y las mujeres correrán el riesgo de lesionarse en zonas internas.

Tu cuerpo en desarrollo producirá grandes cantidades de secreción; Esta es energía pura que estás canalizando en cualquier momento. Esta descarga de líquidos se produce por la excitación del cuerpo, que es lo que se pierde con los años si el cuerpo no se utiliza correctamente. Es la corrupción de un sistema sano.

Otra cosa a tener en cuenta es que cada momento de penetración, incluso si es con la misma persona, crea picos de energía. Esta es tu energía conectando con una frecuencia diferente, esos son los momentos que más te marcan. Si estas acciones son agresivas, te quedarás con más energía negativa que si solo tuvieras una penetración lenta.

Hoy en día, el noventa por ciento de las mujeres busca pareja, y cada vez les resulta más difícil. Varios médicos y psicólogos comenzaron a investigar la causa, pero todo se reduce a un problema energético que nuestros meditadores han percibido:

Cuando una mujer atraviesa su desarrollo y aparecen los primeros signos de sexualidad, surge en ella algo llamado "el encanto". Este encanto es una reacción enérgica que despierta el deseo en un hombre. Generar deseo significa "desear" a la joven, pero no por atracción sexual, ni con ningún interés sexual, sino simplemente como persona.

Esta energía se genera alrededor de los diecisiete, a veces dieciocho, y en algunos jóvenes produce lo que se llama enamorarse sin pensar en nada sexual—quizá solo tenerla a su lado sea suficiente para completar su felicidad, y ocurre por igual para ambos.

Tener relaciones sexuales demasiado pronto con varias parejas, cuando esos puntos sensibles se atrofian, impide que se genere la energía que llamamos "el encanto", y no hay deseo en nadie, solo en acercamientos sexuales o de compañía. Esto es para toda la vida, y más adelante, cuando tiene ganas de tener sexo con alguien, debe salir a buscar con quien y se vuelve muy difícil encontrarle. Ella los encuentra, pero quienes se le acercan solo lo hacen por sexo y nunca por un deseo más completo como persona. El deseo se provoca por esa energía llamada "el encanto", que nunca se permitió en muchas niñas en su juventud.

La realidad probada hasta ahora es que ninguna mujer que no tenga "el encanto" consigue encontrar un hombre que realmente se enamore de ella; en cambio, él estará ahí para compañía y alivio sexual, porque el deseo por ella desaparecerá. El deseo en un hombre es la preocupación por su progreso y su salud, por encima de todo. Al final igualmente, todo es posible para recuperarse con la energía del amor.

El ejemplo perfecto es cuidar esa energía en desarrollo, que espero sea para las futuras generaciones y puedan alcanzar su punto de desarrollo de la forma más pura posible, sin la influencia de ninguna energía negativa en nuestras vidas, proporcionando así un futuro más estable y exitoso.

El árbol de la vida

Veamos nuestra vida como un árbol. Nuestras raíces están creadas literalmente cuando crecemos; Esa es la base que es: nuestro tronco, nuestra fundación. De ahí van nuestras ramas, que normalmente se dividen del tronco en al menos dos lados. Veamos un lado del árbol como si fuera el lado positivo, y el otro lado como si fuera el lado negativo. La vida se divide en positiva y negativa; Tú eliges en cuál quieres existir.

El lado positivo estará lleno de felicidad, salud y amor, pero será un trabajo duro lograr esas cosas, tendrá sentido. El lado negativo estará lleno de riqueza, breves momentos de dopamina y deseo, sin significado. Ahora también puedes cometer errores, desviarte hacia un lado negativo y, tras un rato, te das cuenta y vuelves al buen camino. Lo malo es cuando llevas mucho tiempo en el lado negativo. Tardas más en levantarte, pero no es imposible. Cada decisión que tomamos cambia constantemente el desenlace de nuestra historia actual, así que estamos escribiendo nuestra historia constantemente. Es importante encontrar el equilibrio entre las cosas.

Nuestras raíces son la parte más importante de nuestras vidas y lo que decidirá cuánto tiempo viviremos y cuán prósperos seremos. Si nuestra base es débil, necesitaremos cuidados constantes y posiblemente también necesitaremos ayuda continua.

Cuando tienes un exceso de algo, tu cuerpo no lo disfruta tanto. Si te gusta el chocolate, comerlo todos los días probablemente te hará necesitar un descanso. Come cuando tu cuerpo necesite comida, cuando te haga sentir hambre. Si nos sobrealimentamos, nuestra mente deja de asociarse con el placer de alimentarse y simplemente se acostumbra a la comida constante y a un sistema digestivo constante. ¿Por qué darle comida a nuestro cuerpo si está trabajando en otra cosa y no la ha pedido? Duerme cuando te apetezca dormir, ten sexo cuando te apetezca generar energía, no solo por un sentimiento carnal, sino para conectar con un ámbito superior, para prosperar.

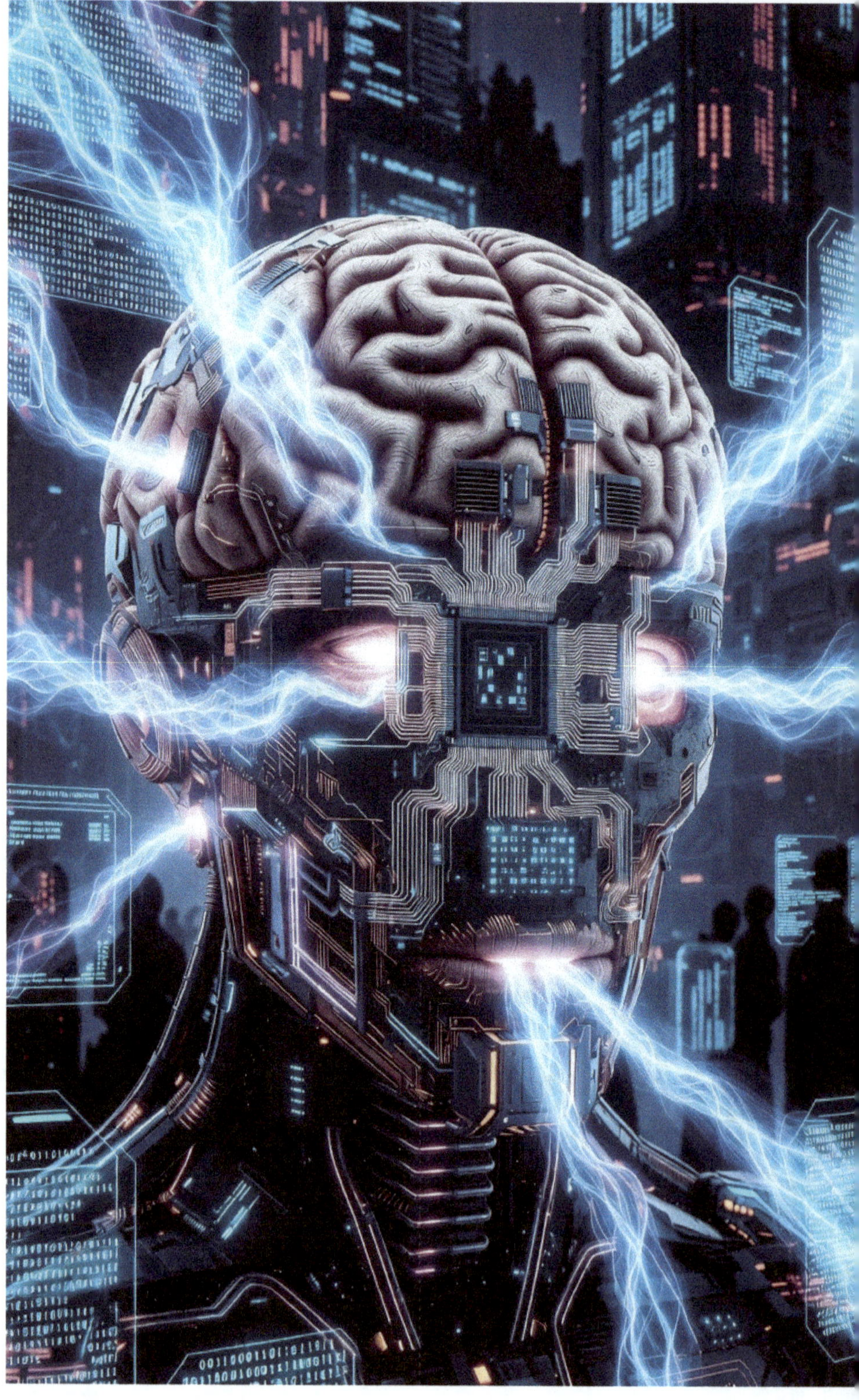

Programación mental

Así como nuestro cuerpo está pasando por su etapa de desarrollo, la mente también crece con él; La diferencia en la mente es que está aprendiendo constantemente. Si sabes algo sobre electricidad, imagina un interruptor automático de 220 en la cabeza y otro en tus genitales; son los que alimentan la electricidad en tu cuerpo, es decir, energía. Así que empiezas con un voltaje alto, quieres poder mantenerlo, no bajarlo. La mente es algo que siempre está conectado, su propia galaxia, por la que puedes viajar y descubrir nuevas conexiones conscientes.

Para expandir nuestra conciencia, necesitamos estar en esa etapa de conectividad pura. Por eso, reprogramar nuestra mente, sin importar nuestra edad, es necesario. Por supuesto, cuanto mayor seas, más tiempo tardarás en borrar el disco duro y reescribirlo, pero no es imposible. Algunos viven años según ideologías y costumbres intensas, así que si estás en ese grupo, te llevará un poco más de tiempo, porque llegas a estar tan absolutamente convencido de lo que te han enseñado que se convierte en una forma de vida. Si eres más joven, te será muy fácil elegir qué quieres incorporar a tu estilo de vida. Cuando seas adulto, deberías cuestionarlo todo. Ahora entiendes que tienes la opción de seguir o no las ideologías de tus padres. Una familia que quiere tu crecimiento personal nunca te condicionará a su amor; Te permitirán ser libre y convertirte en tu propia persona con tus propias decisiones. La familia, igual que las personas siempre deben verse en perspectiva, es decir, que el hecho de ser tu familia no les hace tener razón en todo, ni que sean tus dueños. Algunas personas temen pensar fuera de lo común por las críticas que podrían recibir por no seguir tradiciones familiares como ciertas religiones y creencias. Pero hazte estas preguntas... ¿Alguien que te ama incondicionalmente y está correctamente conectado con la energía positiva solo, suprimiría algo que te hace feliz? ¿O forzar algo que te haga infeliz? Esto está creando los mismos errores generación tras generación. Eres tu propio dueño de tu energía y deberías decidir qué es mejor para el crecimiento espiritual de tu alma. No te sientas presionado por los pesos ancestrales, ya que vivieron en una época diferente a la tuya. La energía de los planetas era totalmente diferente y se alineaba de forma distinta. Así que, siéntete libre de reprogramar tu mente. Esto básicamente significa, cuestiona todo lo que te han enseñado desde que tienes memoria. Esto llevará un tiempo, pero merece la pena.

La mejor manera de saber cuáles de estas costumbres nos alejan del crecimiento espiritual es muy sencilla. ¿Cuál de las ideologías más comunes en tu vida te hace infeliz? Empieza por ahí. Siempre hay algo que haces que es natural para ti porque es cómo te criaron, pero en el fondo sabes que lo haces por responsabilidad o lealtad para hacer feliz a otra persona, y soportas la infelicidad.

Estas son las cosas que necesitas eliminar si quieres avanzar al siguiente nivel. Ideas simples, enseñanzas, creencias. Si haces feliz a alguien a quien quieres y no te molesta lo que haces, entonces esto no entrará en el ejercicio. Lo que buscamos es que lleves una vida más despreocupada, donde las decisiones que tomas se deban al entusiasmo que sientes por hacer cosas. Como cuando éramos niños. No pensábamos mucho en cómo, por qué o quién podría ofender, actuamos de forma descuidada y libre. No teníamos miedo de hacer amigos, de hablar, de ser nosotros mismos. Vamos a eliminar la sensación de culpa de tu cuerpo cuando piensas en cambiar la ideología de una familia.

Nunca hagas algo de adulto que te haga infeliz porque, a largo plazo, afectará a tu salud. Simplemente poniendo siempre nuestra felicidad en primer lugar, y sin parecer egoísta, porque entonces también se consideraría egoísta hacer que alguien forme parte de algo aunque eso le haga infeliz. Entonces, si ellos no consideran tu infelicidad, ¿por qué tú considerarías la suya? Esto es lo que la gente normalmente no ve. La manipulación de los sistemas de creencias es una forma de controlar a las masas, manteniéndolas con miedo de pensar fuera de la caja.

¿Cuántas veces, cuando eras pequeño, recuerdas la frase de tus padres como "no podemos", o "no hay dinero", "el dinero no crece en los árboles", etc.? Este es tu código; Lo que te expuso de niño es exactamente lo que se está activando como adulto. Estas son sus palabras, no las tuyas; Sus creencias, no tienen por qué ser las tuyas. A pesar de ser familia, todos somos seres individuales y estamos aquí para crecer individualmente a través de nuestras propias decisiones. Lo que repites a diario es un mantra básico que hay que reformular para que funcione a tu favor. Al encontrar la felicidad, tendrás suficiente energía positiva en tu vida para compartirla también con tu familia.

Si está activo en tu mente, y especialmente si lo estás hablando, lo estás manifestando. No hay nada en lo que pienses que no se manifieste. Puede que digas que no es cierto, pero tiene que ver con lo fuerte que es tu energía. Si tu canal es fuerte, tus manifestaciones también lo serán. Si tu canal es débil, tendrás más cosas negativas manifestándose que positivas, porque tus afirmaciones positivas no reciben el combustible que necesitan para hacerse realidad.

Aquí es donde creo que mucha gente se corta a sí misma. Piensan que meditar durante horas al día debería ser suficiente, pero en realidad, ni siquiera necesitas meditar si tu canal vibra mucho porque cada pensamiento que tienes conscientemente ya tiene una reacción en el universo. Para quienes están probando la ley de la atracción, uno de 2 libros que eh leído y que por cierto fue uno de los libros que cambió mi vida, si estás probando las visiones de lo que quieres, pero el canal de tu cuerpo está medio bloqueado o vacío, no importa cuántas horas al día pienses o medites en eso, porque está muy lejos para alcanzar debido a tu bloqueo. Mientras que, si trabajaras tu energía sexual como prioridad, verías un resultado mucho más rápido. La mente es la que guía la energía que genera tu cuerpo. Recuerda eso.

EJERCICIO

Haz una lista en la página siguiente de las cosas que te gustaría cambiar. Los dichos que repites constantemente y que atraen el fracaso a tu vida, los "no se puede o no se puede o no es suficiente".

Para cada frase, la reemplazarás por:

No puedes	Puedo
No hay suficiente	Hay abundancia
No hay dinero	Gracias por mi abundancia
No eres lo suficientemente bueno	Soy el mejor en lo que hago porque lo hago con amor
No valgo la pena	Me quiero a mí mismo para que los demás puedan quererme
Nadie me quiere	Nunca estoy solo
Soy tonto	Soy sabio
Soy feo	Soy hermosa

Aunque te rías de lo que dices, solo con decirlo, ya estás alimentando a tu mente con esa realidad, hasta que algún día se convierta en realidad, pero debe empezar con tus afirmaciones. Solo tuerce las palabras.

El ejercicio que harás para reprogramar tu mente de las cosas de las que te gustaría liberarte, una a una, es el siguiente:

Siempre empieza con una visión consciente de algo que te conecte primero con la positividad. Una imagen, una persona, un lugar, un enfoque.

Respira hondo por la nariz, aguanta durante 4-7 segundos y exhala, empujando como si te estuvieras desinflando. Repite tantas veces como sea necesario para llevar suficiente oxígeno a tu cerebro y así poder centrarte en tu estado general. Lleva a tu cuerpo a la conciencia y fíjate si hay alguna tensión que necesites liberar. La tensión puede distraerte, así que ponte en una posición cómoda.

Cierra los ojos pensando en esto: ¿Qué es algo que forma parte de mi vida y que me gustaría dejar atrás y que me hace infeliz? Luego sé consciente de cómo te hace sentir pensar en ello. Ten en cuenta cómo se siente tu estómago o zona abdominal, si hay tensión o densidad. Cada emoción que tenemos es un espacio energético dentro de nosotros. Ahora que has localizado la reacción física de esta emoción, quiero que respires hondo de nuevo, suavemente, y te repitas a ti mismo:

"Agradezco el esfuerzo de quienes me enseñan, pero he decidido que ahora es mi momento de elegir lo que es mejor para mí a través de mis propias experiencias."

Con cada respiración profunda que tomes, y después de esta afirmación, empezarás a liberar esa tensión en tu cuerpo que pertenece a ese tema o dicho concreto que no te beneficia y quieres dejar atrás. Cada vez que empujas, esta incomodidad y presión estomacal se aleja más de ti, tu cuerpo se relaja y te sientes genial, lleno de espacio abierto para aprender informaciones nuevas. Tendrás que hacerlo varias veces y para cada frase que quieras cambiar. Pero entre medias, despertarás con las siguientes afirmaciones:

"Gracias por otro día, por la vida, gracias por tanta abundancia, gracias por tanta abundancia, gracias por tanta abundancia". "Hoy seré consciente de mis sentimientos cuando hago algo que no me resulta bien y, cuando eso ocurra, respiraré hondo, estaré agradecido por esa conciencia y cambiaré mi patrón de pensamiento por aquel que me hace feliz y realizado". Yo tengo el control.

La idea es que elimines datos de tu cerebro que no te estén provocando una reacción de progreso. Igual que cuando borras tu teléfono u ordenador de la caché o de los datos no deseados, es exactamente lo que quieres hacer con tu cerebro. No guardes información no deseada y deja espacio para nueva información que pueda enriquecerte.

Con tanto procesamiento en tu cerebro a lo largo del día, es difícil reprogramar la mente lo suficientemente rápido para hacer muchos cambios. Tendrías que moverte de lugares ruidosos y permitir que tu mente esté tranquila y en paz más a menudo. Pero irás tan rápido como puedas y con la mayor firmeza posible. Es decir, sin frenos. Puede llevar semanas, meses o años. Todo depende de lo arraigadas que estén tus creencias y de tu perseverancia.

Tu cuerpo y mente están principalmente en modo automático durante el día, donde un gran porcentaje de las cosas que haces en el día las haces sin siquiera ser plenamente consciente de ellas. Es como si estuvieras en modo automático. Conduces hasta tu trabajo y ni siquiera te das cuenta de lo que acabas de pasar. Imagina que esta es tu vida en general, donde la vida pasa de largo y no te has dado cuenta ni un atisbo de ella. Si no puedes distinguir ni una sola diferencia entre tu viaje al trabajo de ayer y el de hoy, entonces estás en piloto automático y esto no es vivir en el presente, esto es que estás perdido en tu conexión. Al alarmar u ordenar a tu mente a despertar para que te haga consciente de estos momentos, estás dejando una orden en tu subconsciente para activar cada vez que ocurre algo que no te beneficia, para que puedas empezar a ser más consciente de tus pensamientos y sentimientos a lo largo del día, y al final estar más presente y consciente.

Puedes hacer esto con rasgos de personalidad, como la ira, la frustración, la culpa, el miedo, la ansiedad y la depresión. La mayoría de las veces, pasas por eso porque no tienes control sobre la estabilización energética de tu cuerpo. Tener un canal abierto también significa control total del flujo de energía dentro de tu cuerpo, control de tus emociones, algo que muy pocas personas tienen.

A medida que avanzas en el tiempo con cada pequeño rasgo para cambiar o reprogramar, continuarás con el siguiente. Donde puedes ser más específico, como: "Quiero ser consciente de que si me enfado, estoy enviando energía hacia estar más en paz cada vez". Llegará un momento en que esto ocurra más a menudo de lo que crees, y al descubrir la hora del día en la que ocurre, ya estás entrenando a tu subconsciente para que te avise cuando ocurra algo negativo dentro de ti. El truco es usar tanto nuestro subconsciente como nuestra conciencia juntos. La mayoría de las veces, el cerebro toma decisiones puramente subconscientes motivadas y gobernadas por ideas que tenemos grabadas en nuestra mente. Por eso es tan importante filtrar lo que aprendemos y elegimos conservar. Deberías empezar a notar la diferencia en la primera semana más o menos si lo haces bien.

Básicamente son órdenes ya grabadas en tu subconsciente. Nuestro subconsciente está más activo cuando dormimos; Es por eso que podemos soñar, que en realidad conecta con otras realidades paralelas. Así que quieres intentar llegar al punto en el que puedas tener un equilibrio perfecto de ambos.

Cuando sueñas muy lúcido y despierto, estás en un estado mental más equilibrado entre subconsciente y consciente. Tu estado de sueño es cuando tus seres queridos o energías de otras dimensiones saben que pueden comunicarse contigo. A veces incluso puedes ver visiones del pasado o del futuro.

Si intentas programar tu mente cada vez que te despiertas y cada vez que te duermes, comandando funciones, poco a poco estás enseñando a tu yo consciente a controlar el subconsciente, que es el que funciona para ti la mayoría de las veces. Cuando nos permitimos tomar decisiones basadas en la intuición, estamos permitiendo que el universo hable a través de nosotros y tome decisiones más sabias. No decisiones basadas en el sentido común enseñado por la sociedad, sino en la intuición.

Ejercicio

Para programar tu mente para liberar traumas pasados, harás el siguiente ejercicio:

Busca un lugar cómodo y tranquilo donde no haya distracciones. Respira hondo a 3 tiempos por la nariz, aguanta 3 segundos y exhala durante 3 o más segundos. Repite tantas veces como sea necesario para llevar suficiente oxígeno a tu cerebro y así poder centrarte en tu estado general. Lleva a tu cuerpo a concienciar. Ahora repite internamente, "muéstrame lo que necesito sanar", fíjate en la primera persona o situación que te venga a la mente. Esto puede llevar tiempo, pero cuando lo repitas suficientes veces, debería venir a la mente la persona o situación adecuada. El propósito de todo esto es llevar tu mente a un estado de paz tan grande antes de empezar este ejercicio que, cuando te preguntes algo muy específico, puedas acceder fácilmente a ello porque ya forma parte de ti; Simplemente siempre estás tan ocupado que no prestas atención a tus propios sentimientos o pensamientos. Creo que una de las partes más importantes de nuestro día es tener tiempo consciente de nosotros mismos, para conocernos mejor. Evaluar dónde estamos en esta etapa y en cada etapa de nuestras vidas. Si nunca nos tomamos el tiempo de observar cómo hemos crecido, nunca podremos progresar a ver nuestras etapas. Creo que el momento en el que más he crecido en mi vida es cuando he tenido tiempo para mí misma, porque puedes tener silencio a tu alrededor durante todo el día, esto realmente te permite ser más consciente de tus reacciones, especialmente si son reacciones que van en contra del silencio y la paz que hay alrededor. Solo recuerda que solo tienes que reorganizar o cambiar los pensamientos. Además, reorganiza tu interacción con aquellas personas cuyos pensamientos no te ayudan a avanzar. Porque al final del día, no va a haber nadie a quien culpar salvo a ti mismo. En vez de intentar encontrar a quién culpar, cambia ese pensamiento para intentar mejorar la situación. Es hora de asumir cierta responsabilidad e intentar encontrar soluciones. Las respuestas están dentro de ti, solo necesitas el silencio para escucharte

tenido tiempo para mí misma, porque puedes tener silencio a tu alrededor durante todo el día, así que realmente te permite ser más consciente de tus reacciones, especialmente si son reacciones que van en contra del silencio y la paz que hay alrededor. Solo recuerda que solo tienes que reorganizar o cambiar esos pensamientos. Además, reorganiza tu interacción con aquellas personas cuyos pensamientos no te ayudan a avanzar. Porque al final del día, no va a haber a nadie a quien culpar salvo a ti mismo. En vez de intentar encontrar a quién culpar, cambia ese pensamiento para intentar mejorar la situación. Es hora de asumir cierta responsabilidad e intentar encontrar soluciones.

Guiados por el Universo

Siempre planificamos lo que queremos, cómo lo queremos, pero solo el universo sabe cómo resuena nuestra energía y cuál será nuestra próxima enseñanza. Si dejáramos de hacer tantos planes, aparte de nuestras responsabilidades normales, dejásemos de planificar con antelación y nos permitiéramos ser espontáneos, podríamos exponernos más a situaciones en las que necesitamos vivir para poder avanzar.

Cuando estés en el mismo lugar durante mucho tiempo, tu energía se acomoda. Pero cuando te expones a un parque, un espacio abierto, el océano o lugares naturales, entras en un espacio de energía desconocida y nueva para tu vibración. Te cargas con la energía del lugar. Por eso, cuando viajas, te recomendaría no ir a grandes ciudades, donde podrías entretenerte, pero tu energía no se recargará con la positividad. Solo con toda la radiación de la electrónica y las señales, básicamente te estás friendo tú mismo.

Los lugares naturales, especialmente aquellos con agua involucrada, siempre beneficiarán más al alma. Al exponer tu energía a nueva energía, volverás a tu vida diaria más relajado. Debemos aprender a dejar que la intuición tome el control. Es bueno tener disciplina, pero la conexión con la naturaleza es lo que nos aterriza y conecta con la realidad etera.

La próxima vez que pienses en viajar, abre un mapa en algún sitio online o en papel y deja caer un alfiler. Permite que la energía te lleve a donde necesites estar. Si puedes, en lugar de planificar todo el viaje, simplemente planifica la ubicación y luego déjate liberar de la carga de tener que igualar un plan o una agenda. Simplemente estate presente en un espacio nuevo, permítete conocer gente nueva y deja que la energía te guíe, sé aventurero y escucha las señales que el universo tiene para ti.

Todos están tan ocupados planificando que dejan de vivir el momento. No puedes pensar que tus seres queridos, o ángeles de la guarda, o quien intente comunicarse contigo, puedan alcanzarte si no te das tiempo para simplemente escuchar, hacer una pausa, respirar. Desconéctate de la tecnología. Desconecta del mundo y conecta con un nuevo mundo de maravillas donde la emoción de ser espontáneo te lleva directamente a donde necesitas estar, cuando necesitas estar allí. Deja de planearlo todo.

Los últimos viajes que hice fueron sin planificación, y lo que buscaba simplemente me lo presentaban a medida que iba en el momento y lugar adecuados.

Tengo demasiadas historias que contar sobre este tema de ser guiados por el universo, o más bien alerta a sus oportunidades. Compartiré una, que creo que fue una de las primeras grandes oportunidades que tuvimos. En 2014, cuando buscábamos comprar nuestra primera casa y mudarnos de un piso compartido, vimos una comunidad que nos encantaba y dijimos: "Ahí es donde queremos nuestra casa". Está en una comunidad muy pequeña, así que era muy raro que alguna casa se pusiera a la venta, y si era así, desaparecían en un abrir y cerrar de ojos. Así que publiqué una alerta de notificación en la web para ventas de viviendas justo dentro de esa comunidad y esperé... Unos 4 meses.

Habíamos estado siguiendo algunas subastas en vivo, por las que incluso pujamos mucho más de lo que pudimos y nunca ganamos. Estábamos perdiendo la esperanza en ese lugar porque simplemente estaba fuera de nuestro alcance económico. Pero seguíamos centrados y diciendo que ahí viviríamos.

Entonces, una noche, sobre las 4 de la mañana, viniendo de una grabación, veo que alguien subió una casa a la venta en esa comunidad justo allí mismo. Así que no dormimos. A las 8 de la mañana, llamamos al número, y era domingo; Los bancos no trabajan los domingos. Pero el agente inmobiliario aceptó hacer su primera visita. Dijo que ya tenía 4 ofertas pendientes por el precio completo, pero les había dicho que esperaran hasta el lunes para presentar formalmente las ofertas al banco. La casa estaba en ejecución hipotecaria. Fuimos al lugar; Estaba increíblemente abandonado y no era algo así, ¡uno saltaría a decir que qué lugar tan increíble! Pero vimos a través de lo feo e hicimos una oferta mucho más baja de lo que se pedía, sabiendo que ya había ofertas a precio completo por la propiedad. La energía estaba tan a nuestro favor que motivó a nuestro agente inmobiliario a llamar al banco un domingo y hablar de lo deteriorada que estaba la propiedad y que sería difícil venderla. El banco, al estar en otro lugar y no en el mismo estado, confiaba en el agente inmobiliario. Nuestra oferta fue rechazada porque ofertamos unos 60.000 dólares menos de su precio actual, lo cual el agente inmobiliario dudaba, pero dijo: "¿Qué es lo peor que puede pasar? Ellos harán una contraoferta". El gerente del banco no solo contestó el teléfono, sino que también aceptó una contraoferta de 10.000 dólares más, que era exactamente la cantidad que teníamos en nuestra cuenta bancaria, ni un dólar más ni un dólar o menos.

Cerramos una venta un domingo, y el lunes siguiente hicimos la transacción. El agente inmobiliario recibió las 4 ofertas pendientes a precio completo, y tuvo que avisar que ya estaba vendido. Esto nos generó cierta fricción en la comunidad porque una de las ofertas venía del gerente de la asociación que reformaba y revendía casas, y se decía que esta casa era la más bonita del barrio y la mejor ubicada, sin vecinos y junto a los guardias. Además, que claro que se enteraron que se vendió muy infravalorado.

Las cosas llevan tiempo. Cuando estamos tan ansiosos y desesperados por completar una tarea o conseguir lo que queremos, olvidamos que si no sucede es porque simplemente no te corresponde. Cuando las cosas están destinadas para ti, te dejas llevar por tu intuición y generas la energía adecuada para atraer lo que quieres, se presentará la situación adecuada y todo encajará como anillo al dedo. Solo hay que confiar y no dudar. Si tarda más de lo esperado, es simplemente porque no es tu momento. Deja de intentar controlarlo todo. Cuando las cosas son para ti la energía se pone a tu favor y hay que saber esperar el día exacto para las oportunidades. No desesperarse, ni perder la esperanza.

Puedes controlar tu mente para estar siempre agradecido por cualquier resultado que te venga. A veces simplemente hay que dejarlo en manos del universo alimentando el pensamiento y el deseo con energía positiva que creas. Estate despierto y atento a las señales que te rodean.

Emociones

No tienes control sobre tu vida hasta que no controles tus emociones. La mayoría de la gente está tan acostumbrada a ser como es que no le da mucha importancia y continúa con estos rasgos, lo que solo les permite atraer más negatividad. Pero lo que la mayoría de la gente tiene es un enorme montón de acumulación emocional lista para estallar en cualquier momento, y normalmente hacia las personas equivocadas, las que queremos.

Si recuerdas cómo eras cuando eras más joven, tenlo en cuenta para saber cómo deberías ser, sin el estrés de la vida y las responsabilidades. Irónico porque trabajamos para convertirnos en lo que somos como adultos, solo para volver a ser como éramos de niños.

En general, la gente no controla sus emociones porque está demasiado ocupada entreteniendo su cerebro con otras cosas. No damos tiempo a nuestro cerebro para pensar por sí mismo sin algún tipo de influencia externa. Si pasas el día sin tener en cuenta cómo te sientes y simplemente actúas por impulso, entonces no tienes ningún control sobre tu energía. La verdad es que en el mundo actual, la mayoría de la gente también depende de las inyecciones cortas de dopamina, y podemos agradecerlo a los shorts de redes sociales por ello. Nuestro cuerpo está acostumbrado a pasar de la risa a la tristeza y luego al shock en muy poco tiempo, creando una inestabilidad emocional y permitiendo que la tecnología controle siempre nuestras emociones.

Tener control sobre tus emociones es un paso más cerca de tener control sobre la energía de tu cuerpo. Si alguien puede simplemente acercarse a ti y sacarte de tu estado mental, entonces le estás dando el control a esa persona. Si siempre estás fuera de un estado mental de paz, entonces has perdido el control de tu yo interior por la negatividad. Si tú o alguien que conoces actúas de forma muy impulsiva, esto se debe a energías negativas a tu alrededor o dentro de ti que están desencadenando tus emociones.

Nuestras emociones se acumulan principalmente desde el estómago hacia arriba. Cualquier palabra no dicha y represión que tengas reprimirá emociones no deseadas que a la larga empeorarán la situación. No tienes que decir lo que piensas todo el tiempo, pero si algo te incomoda, deberías tener la discreción de expresar lo que piensas con respeto o de contárselo más adelante a otra persona. La idea es sacarlo. Estos bloqueos emocionales son los que puedes eliminar fácilmente con ejercicios de respiración, conciencia, meditación o activación vocal.

Cuando somos jóvenes, no tenemos filtro, ni vergüenza, ni miedo. Aprende a ser joven de nuevo, prioriza tu bienestar. Si no estás bien, ¿cómo puedes ayudar a otros que dependen de ti? Tener responsabilidades vitales no es excusa para no tener control sobre uno mismo.

El primer paso para controlar tus emociones es ser consciente de ellas. Una vez que tienes un momento de enfado o frustración, ya ha ocurrido; No puedes volver. Así que, tómate tu tiempo antes de acostarte unos minutos y repasa tu día. Repasa lo bueno y lo malo, analiza dónde puedes hacerlo y mejorar. No dediques demasiado tiempo a darle demasiadas vueltas a una situación, pero sí lo suficiente para repasarla y sacar conclusiones sobre dónde podrías haber reaccionado de forma diferente.

Ponte una regla: no puedes estar enfadado o frustrado más de 3 minutos, luego 2, luego 1. Dependiendo de la frecuencia con la que ocurra, te darás ventaja sobre el tiempo y avanzarás a partir de ahí. Piensa en un desencadenante que puedas crear para recordarte que eres consciente de tus emociones, como el famoso chasquido de la goma elástica. Lleva una goma elástica y, cuando te desvíes y reacciones negativamente a algo, rompe la palabra. Hay desencadenantes muy prácticos que puedes usar para hacer que reacciones a emociones negativas; Una vez que tu mente entienda la idea, ya no los necesitarás. Si pasas más tiempo sintiendo estas emociones de baja vibración, solo atraerás más situaciones negativas a tu vida que no necesitas, así que hazlo un juego. A veces no puedes simplemente apagar esta actitud, especialmente si lleva años contigo, pero si tienes la voluntad, se irá adaptando poco a poco hacia tu estabilidad. Eres inteligente, eres sabio, así que ¿por qué dedicarías tiempo de tu preciosa vida a algo que no te hace sentir bien? Tienes cosas mejores que hacer y mejores emociones que sentir que te enriquecen y te llenan. Eso es a lo que aspiras.

Aprender a ser egoístas con nosotros mismos no está mal. Tienes que ser egoísta con tu tiempo, tu energía y tu valor como ser humano. Cuando te valoras lo suficiente, solo permitirás que las situaciones y las personas a tu alrededor te enriquezcan. Si no lo haces, simplemente significa que sigues sin creer que mereces lo mejor y que no estás preparado para recibirlo. Así que aprende a ser egoísta y ponte a ti misma en primer lugar.

Algunos de nosotros tenemos ese acervo genético de mala actitud, que viene en nuestros genes. Lo sé porque vengo de una fuerte línea de unos italianos muy duros y muy mala actitud, esto alejaba a las personas y me llevó años deshacerme de esa actitud desagradable, o mejor aún, solo usarla cuando fuera necesaria. Pero una vez que empecé a escuchar cómo reaccionaba mi cuerpo cuando se expresaba con energía negativa, pude controlarlo antes de que ocurriera, hasta que simplemente dejó de encajar con mi persona actualmente que decidí ser. Lleva tiempo, pero recuerda, sea lo que sea, tú tienes el control. Nada debería tener poder sobre lo que quieres para ti mismo. Los impulsos no eres tú; Son manipulaciones de la negatividad para desbalancearte.

¿Cuánto tiempo has pasado intentando que alguien acepte o crea tu punto de vista en lugar del suyo, o intentando demostrar que tienes razón ante los demás? ¿Es necesario que otros piensen como tú? ¿Cuánto tiempo has pasado preocupándote por algo que está fuera de tu control? El tiempo perdido es energía desperdiciada con solo un retorno negativo.

No se arreglan las cosas dándole demasiadas vueltas. Solo te vuelves estancado. Girando en un círculo de energía confusa y emociones de preocupación que se mueven dentro de ti, emociones que se mueven con energía baja y vibrante que afecta tu bienestar y salud general. Entonces, ¿qué pasa si alguien hace algo que no encaja con tu etiqueta o normas adecuadas? ¿Quién nos hizo predicadores definitivos?

La mayoría se preocupa tanto por los problemas de los demás que se olvidan de centrarse en su propio camino. El sistema está diseñado para que sea así, por eso existen el entretenimiento y el cotilleo, para mantenernos distraídos y centrados en los demás, no en nuestro propio progreso. Si no nos damos el equilibrio adecuado con las cosas, simplemente perdemos el equilibrio. Cuando vemos una película o cualquier cosa en pantalla, entregamos el poder de nuestras emociones a esa producción. Tienen control total sobre lo que sientes durante esas 2 horas completas, o el tiempo que sea.

Si te sumerges en entretenimiento basado en la adrenalina y el miedo, atraerás energías que se sienten cómodas con esas vibraciones. Recuerda que el miedo te hace vulnerable, así que ten en cuenta que estás viendo algo falso. Si te encanta ver películas de amor, te sumerges en un estado vulnerable y a veces incluso pierdes el contacto con la realidad, creyendo o esperando tener y vivir lo que te muestran en la película. No digo que no veas películas, solo ten en cuenta después que es una fantasía y no la vida real. Sucede en muchas relaciones estables, la película termina y la persona empieza a preguntarse ... como hubiera sido mi vida si.... y ahí empiezan las dudas.

¿Cuántas veces has visto una película de terror y has tenido problemas para dormir? ¿O cuántas veces has visto una historia de amor y, cuando termina, desearías que esa fuera tu historia? Esto hará que rechaces la relación en la que estás por un momento, afectando tu energía hasta que ese efecto desaparezca. Verás, todo lo que exponemos a nuestra mente tiene el potencial de influir en las decisiones que tomamos en nuestra vida diaria. Así que, por absurdo que parezca, recordarnos que lo que vemos es solo una distracción durante un tiempo es suficiente para no dejar que influya en nuestra energía o en lo que atraemos. En otras palabras, sé inteligente. Si ves una película sobre adolescentes borrachos y recuerdas cómo eras, si ese era el caso, entonces estás volviendo a activar la energía que generabas en ese momento, sea Buena o mala. Las imágenes que influyen en desencadenar recuerdos, detonan de vuelta la energía creada con esas acciones pasadas.

Una forma de saber si tus emociones están fuera de control es prestar atención a tu estómago e intestino, así como a tu corazón. Cuando estás a punto de enfadarte, durante y después, notarás que tu corazón se acelera, la adrenalina se acelera, la respiración acelerada y no puedes pensar bien. Esto es tu cuerpo desequilibrado, tus moléculas moviéndose radicalmente en lugar de en ondas y movimiento balanceado. Una es una ola de heavy metal dentro de ti, y la otra es una ola de música clásica, ¿cuál dirías que es la sanadora?

Aprende a escuchar a tu cuerpo. Cuando algo sucede a tu alrededor que mueve tus moléculas en la dirección equivocada, es decir, tu corazón empieza a acelerarse, el estómago se tensa, antes de subir más, respira hondo y aléjate de la situación. Vuelve cuando tu cuerpo esté relajado y listo para afrontarlo de forma tranquila. Porque nada bueno sale de situaciones forzadas o altercados, así que ¿para qué perder el tiempo? Es lo único valioso que debemos cuidar.... EL TIEMPO

Descubrir nuestros desequilibrios emocionales tiene que ver con mucho pensar profundamente en el porqué. Cuando alguien o algo te molesta y reaccionas ante ello, no es culpa de esa persona que te sientas así; Es tuyo. ¿Qué es lo que sabes que tienes y necesitas sanar en tu autoconfianza o debilidad? La mayoría de las veces, cuando nos ofende algo, es porque está tocando un punto débil. Permítete observar tu reacción la próxima vez que te ofendas y analiza por qué te ofendes. Deberías ser capaz de soportar cualquier tipo de comentario, broma, ataque, acoso, sarcasmo, y no cambiar tu estado mental porque tienes mucha confianza en ti mismo.

Cuando somos débiles o dudamos de nosotros mismos es cuando perdemos nuestro arraigo y estabilidad. El universo te expondrá constantemente a situaciones que deberían hacerte darte cuenta del cambio que debe ocurrir en tu interior, para que tengas una vida mejor. Te expondrá a situaciones dolorosas para que puedas analizar tus reacciones y mejorar cada día. Cuando alguien intenta ofenderte, solo tendrá éxito si crees lo que dice. Si tienes confianza en ti mismo, en lo que haces y en quién eres, esa confianza nunca te pondrá en una situación tan vulnerable. Siempre profundiza más

Amor propio

Cómo te ves a ti mismo es cómo te ven los demás. Empieza hacia dentro, porque irradiamos de dentro hacia fuera. Si nuestra energía es inestable o tóxica, eso es exactamente lo que la gente percibirá de nosotros. Puedes ser una buena persona, pero ser buena no significa que seas puro y no tóxico.

Todo esto se remonta a nuestra juventud, así que se necesita entrenamiento mental. Pero puedo sugerirte algunos ejercicios que puedes hacer para sentirte más seguro y cómodo contigo mismo.

1. Camina desnudo por tu habitación o casa tanto como puedas.
2. Mírate desnudo en el espejo tan a menudo como puedas de forma natural.
3. Encuentra un hobby en el que seas bueno y disfrutes, para que puedas estar rodeado de personas afines y sentirte realizado.
4. Solo mira contenido motivacional online, así que el algoritmo solo te lo proporciona; Así no hay tentaciones.
5. Practica ir a una playa nudista o a una comunidad.

Tienes que acostumbrarte a ver tus perfecciones e imperfecciones, como todo en la vida. Cuando nos acostumbramos, se vuelve normal. Cuanto más te escondas de ti mismo, más incómodo te sentirás al exponerte ante los demás. Eres perfecto tal y como eres, y lo que te hará aún más perfecto es trabajar en vibrar más alto y corregir los rasgos de personalidad que sabes que debes cambiar.

Si tu autoestima es baja, recuerda un momento en que era diferente, o si siempre fue así, debes identificar por qué adquiriste esa personalidad. Esto suele remontarse a cuando eras joven y no recibías apoyo moral de tus seres queridos. Como niños, necesitamos sentir que somos buenos haciendo algo y recibir reconocimiento por lograr cosas. Si no fuera así, entonces volver en el tiempo a momentos en los que esa autoestima se rompió, lamentablemente, es necesario. Necesitas revivir estos momentos con una mentalidad adulta y una perspectiva abierta para poder reconocer dónde está la raíz y decidir reprogramar y empezar de cero.

Si odias tus michelines, te encantaría saber que si alguna vez te enfermas tendrás una reserva de peso en el cuerpo que te ayudará a recuperarte más rápido. Si eres hombre y odias tu barriga, piensa en lo buena que es como almohada. Todo tiene su lado positivo, simplemente empieza a buscarlo, aunque no tenga sentido o parezca ridículo. Todo depende de cómo tu lo veas y aceptes, no de los demás.

El amor propio es algo que la gente suele esperar ganarse fuera a través de los demás. Cuanto más popular seas o más te acostumbres a hacer cosas solo para complacer a los demás, más te perderás a ti mismo por el camino. ¿Por qué alguien que ni siquiera conoces tendría un control tan poderoso sobre ti? No necesitas que otros demuestren que eres digno; Eres digno, pase lo que pase y lo que digan los demás. Porque la gente te juzgará por su propio nivel de sabiduría. Una persona que se siente realizada y feliz siempre valorará su tiempo y ni siquiera se preocupará por los demás. Ese es el tipo de persona que quieres convertirte, y quieres tener como amigo, pero para eso, primero tienes que serlo tu.

Rodéate de personas que quieran avanzar, que aspiren a hacerlo mejor y a ser mejores. ¿Por qué alguien elegiría estar rodeado de personas que permiten una vida sedentaria sin ningún avance? Sin aspiraciones, sin futuro, sin emoción de vivir. Cada aspecto de tu tiempo que dedicas a situaciones que te enriquecen es otro paso hacia el amor propio. Porque cuando la felicidad, el trabajo duro y el progreso son lo que te rodea, entonces tu energía se llena de energía positiva, que es el amor. Cuando te llenas de suficiente amor, también te aceptarás de forma diferente.

Nunca dejes que nadie te hable con condescendencia. Tienes que inspirar respeto, aunque por fuera parezcas duro. Si permites que la gente te pisotee, nunca alcanzarás el amor propio. Tienes todo el derecho a defenderte. Eres valioso e importante, y si nunca la has escuchado antes, lee esta frase varias veces hasta que la creas. Empieza en el estómago. Cuando lo sientes por dentro, significa que estás creando energía hacia esa sensación, haciéndola realidad.

Al tener confianza en nosotros mismos, enviamos una energía más poderosa cuando pensamos en lo que necesitamos; Es una energía de poder, no una débil vibra de inseguridad y vergüenza.

Gratitud	Afirmaciones
Gracias por quien soy	☐ Soy capaz de alcanzar mis metas y sueños.
Gracias por lo que tengo	☐☐ Irradio confianza, fortaleza y positividad.
Gracias por la persona que tengo	☐ Cada desafío que enfrento es una oportunidad de crecimiento.
Gracias por mi salud	Soy digna de amor, éxito y felicidad.

Gracias por tanta abundancia. Gracias por hoy. Elijo alegría, paz y progreso en todo lo que hago.

Belleza

Te acostumbras a sentir lo que sientes. Cuanto más mayor te haces, más rígido se vuelve tu cuerpo, haciendo menos, moviéndote menos, censurándote porque crees que te vuelves menos porque la sociedad te lo ha dicho, cuando en realidad te vuelves más. Te vuelves más sabio, más brillante y más lleno. La carne queda atrás, pero la sabiduría sigue hasta el infinito. Nos han enseñado que la belleza es lo que vemos en cada anuncio de revista y película como ejemplo a seguir.

¿Por qué hay tanta investigación sobre enfermedades, pero muy poca o ninguna nos enseña a usar nuestra energía para sanarnos? La negatividad que nos rodea nos incita a glorificar algo físico y permite que el vacío se vuelva normal y popular entre nosotros. ¿Cuándo fue la última vez que escuchaste hoy una canción popular con un mensaje realmente positivo?

La belleza hoy en día está completamente invertida respecto a lo que realmente es, que es el brillo interior. La positividad que irradia tu cuerpo debería ser tu belleza. Así que la oscuridad nos engaña para seguir las apariencias cuando la realidad es que la belleza es cuánta energía irradias desde dentro.

En el momento en que empieces a sentirte inseguro, pesado o tenso, simplemente relájate y recuerda que la energía fluye mucho más por tu cuerpo cuando te relajas. La vida es mejor cuando aprendes a fluir sin tanta tensión. El enfoque de tu vida debería centrarse en cómo puedes ser y mejorar como persona. En el camino de realizarte a ti mismo, estarás aportando belleza a tu alma gracias al valor de volverte más fuerte y mejor cada día.

Abraza el placer como parte de una sensación constante, para que tu cuerpo esté conectado y sientas un flujo perfecto de energía viajando por tu cuerpo. Ábrete y suelta...

Cuando te acostumbras a ver todo a través de los ojos de alguien hermoso, todo lo que ves se vuelve hermoso porque la vida es hermosa. Ahora, si estás constantemente atravesando una visión de superficialidad y descuido, eso es exactamente con lo que vibrarás, así que estarás expuesto a ello más a menudo.

Cuando la belleza se refleja de tus pensamientos en tus actos, eventualmente estarás rodeado de belleza. Donde todo lo que haces es con amor, cada cosa que ves como un reto tiene una solución, y tienes esa seguridad en ti misma de que todo siempre estará bien. No te dejes cegar por la belleza; Cuando permitas que tu percepción tome el control, puede que ya sea demasiado tarde.

Negatividad

La negatividad es algo que forma parte de este mundo porque la gente está constantemente ayudando a generar más de ella. Así que todo el mundo se queja de cómo va el mundo, pero hacen muy poco para mejorar como seres. Cada acción negativa genera una reacción; Cada acción positiva también genera una reacción. Es sentido común. La energía negativa es la que se crea principalmente porque se crea por el sexo sin amor ni conciencia.

Para protegernos de la negatividad, siempre debemos tener nuestra energía positiva en su máxima expresión. El momento en que pierdes fuerzas y te vuelves vulnerable es cuando estas energías flotan a tu alrededor.

Cuando estás cerca de alguien, la forma más fuerte de recibir negatividad es a través de una transferencia corporal completa, es decir, sexual. Pero también puedes absorber energía negativa a través de entornos laborales tóxicos, relaciones tóxicas, discotecas o lugares donde las sustancias son una prioridad. También absorbes energía negativa simplemente estando cerca de alguien negativo, a través de sus ojos, el tacto o, incluso más intensamente, mediante un beso. Besar está infravalorado. La verdad sobre besar es que es una transferencia tan fuerte como si estuvieras teniendo penetración. Estos son los extremos del canal.

La negatividad está activa principalmente cuando las personas están bajo la influencia de alguna sustancia. Esto se debe a que las sustancias ponen al huésped en un estado vulnerable, y la negatividad no pide permiso. Cuando estás bajo la influencia, con esa sensación que buscabas de soltar y sentirte libre, te vuelve vulnerable a las energías que te rodean y te convierte en un objetivo clave para ser atacado. De hecho, poseerá intencionadamente a una persona para poder transferirse a otra, como un parásito. Si alguna vez te encuentras en una situación con alguien que está intoxicado y actúa de forma muy salvaje y sexual, estos son los momentos en los que deberías alejarte. Estos momentos suelen estar completamente controlados por la negatividad y son los que más contágian. De hecho, quienes drogan y violan a otros acaban llenándose con más negatividad, estas son posesiones negativas. Es la onda de las acciones lo que atrae las reacciones.

La etapa más vulnerable en la que puedes estar es la de excitación, o influencia de sustancias, es cuando finalmente permites que tu mente consciente descanse y te dejes guiar por la sensación de placer en tu cuerpo. Este es el estado más alto de meditación que existe. Así que, si estás generando energía negativa, imagina lo fácil que es para que esta energía se filtre a tu cuerpo. No puedes sentir placer si estás tenso. Cuando estas en momentos de vulnerabilidad necesitas estar en un espacio seguro con personas que se sientan confiables y no desconocidos. Hasta en terapias de medicina naturales donde te expones a las limpiezas de energías de otras personas en un estado vulnerable. Lo idea es que nunca estas rodeado de personas que no son de tu plena confianza en estados de vulnerabilidad.

Cuando te vuelves lo suficientemente vulnerable como para sentir tanto placer como puedas, es cuando quieres asegurarte de que lo que tienes a tu alrededor sea positivo. De este modo, tu resultado será progreso y no quedarte atascado.

¿Qué genera negatividad, te preguntarás?

Cualquier idea que no se origina del pensamiento puro. Es decir, cualquier idea influenciada por energía negativa ya no es tu pensamiento puro. Verás, somos seres positivos; Simplemente nos contaminamos viajando por la vida en un mundo corrupto. Tu idea de origen siempre sería cuidarnos y respetarnos mutuamente. La negatividad se aseguró de que en algunos hogares esto no estuviera presente e influyo a algunas personas a ser agresivas, abusivas, engañar o mentir solo para que se propagara.

Si tu acción proviene del amor y de una buena intención, siempre generará positividad. Si tus sentimientos se distorsionan y sientes enfado, agresividad, odio o ansiedad, te harán actuar en consecuencia.

La misma situación se aplica al lugar donde vives. Si acabas de mudarte a una casa y meses después empiezas a enfermarte, no puedes dormir o tu personalidad ha cambiado. Esto es una demostración de lo que estás absorbiendo en esa casa o con esa nueva pareja que puedas tener. Es importante hacer revisiones de nuestro progreso personal de vez en cuando para evaluar dónde estás y analizar cómo cualquier persona o situación nueva podría haber cambiado tu energía para bien o para mal. La mayoría de las veces, cuando buscamos ayuda o respuestas, empezamos la pregunta con la respuesta. Así que, si te preguntas, '¿Es bueno para mí "x"?', ya tienes la respuesta. Cuando las cosas están bien, no lo dudarías. Tu interrogatorio demuestra la inseguridad que tienes sobre la situación. No deberías participar en nada que te cause inseguridad. Sigue adelante, quizá sea hora de que te centres más en ti mismo, porque tienes todas las respuestas; Solo tienes que escucharte más.

La gente siempre dará recomendaciones desde su perspectiva personal, lo que lleva a la conclusión que han sacado para darte ese consejo. Nuestras opiniones se basan en experiencias personales porque no sabes nada más que tus propias experiencias. Hoy en día, decides algo únicamente basándote en información que has leído o visto en internet, pero que rara vez has vivido. Tu opinión sobre algo hoy en día puede ser totalmente diferente dentro de unos años; Eso está destinado a pasar. Todos tenemos un ritmo al que nos movemos, según nuestro entorno, así que no esperes entender cosas que aún no están a tu nivel ni entender aquellas personas que no entienden el nivel en el que estás tu.

Los vampiros enérgicos podríamos ser cualquiera de nosotros, en realidad. Son personas que han agotado tanto su energía que han perdido toda conexión con el éter, por lo que dependen de alimentarse de las energías de otros para existir o sentirse mejor. ¿Cómo te sientes cuando conoces a cierta persona? ¿Te hacen sentir bien? ¿Te gusta estar cerca de ellos? ¿Cómo te sientes después?¿Pasan cosas después de verlas?¿Bueno o malo?¿Tienes dolor de cabeza? Todas estas son preguntas que deberías hacerte para identificar a cualquier vampiro enérgico a tu alrededor. No lo hacen porque lo quieran; Es totalmente involuntario. Si tienes suficiente energía para desprenderte, no te afectará, pero si estás pasando por situaciones difíciles, quieres ahorrar tanta energía como puedas. Estar rodeado de personas que necesitan tu energía no es lo que quieres, a menos que seas un canal de ayuda energética y quieras ayudar a los demás. En general, solo tienes que limitar el tiempo que pasas con ellos. A veces, hay personas así en tu familia con las que simplemente no puedes cortar el lazo, así que las recibirás con gracia y paciencia y luego te recuperarás. Todos los demás, cortad lazos.

La negatividad va de la mano con cosas que vienen fácilmente. Si quieres dinero rápido, puedes involucrarte en oportunidades que no necesariamente están en entornos positivos, y como es solo por el dinero, no estarás llenando el vacío de logros. Mentiras, engaños, estafas, agresión, odio, celos, ira, histeria, todo forma parte de un estilo de vida negativo. La energía negativa se alimenta de cada persona cuando estas emociones ocurren. Llevamos tiempo permitiendo que esto suceda. Encuentra lo que te satisface en todos los sentidos. En el fondo, tu intuición siempre te dice cuando algo no va bien.

La negatividad también intentará colarse a través de las personas en las que más confías y amas. Recuerda, todos somos únicos y vulnerables a nuestra manera. Puede pasar que si tienes a alguien cercano que es fácilmente manipulable, se asegure de usar sus medios para enviarte un mensaje a través de esa persona y que tomes el camino equivocado. Siempre estate vigilante. Cuando tomes decisiones, nunca las tomes porque te las estén diciendo; Hazlas porque estás convencido de ellas y se sienten bien por dentro.

La forma más fácil de que la negatividad influya en la gente hoy es haciéndoles sentir que están enamorados. Si alguna vez sientes que estás enamorado en una situación de lujuria muy intensa, las primeras veces que conoces a alguien, esto suele durar solo unos meses. Es cuánto tiempo la negatividad necesita para afectar tu vida; Una vez hecho, el deseo se desvanece y vuelves al mismo patrón. Tienes que tomarte tu tiempo cuando conozcas a alguien; Compartir tu energía con otra persona debería ser sagrado y hacerse solo con amor. Si te das algo de tiempo, te permitirás conocer un poco mejor a la persona y estudiar si tus sentimientos están, de hecho, guiados por algo positivo. Las situaciones y encuentros de energía negativa siempre serán la salvaje, la locura, la descarga de adrenalina. Se sentirá bien momentáneamente, pero tendrá malas consecuencias.

Si tienes energía negativa en tu cuerpo, empezará a bloquear poco a poco cualquier inclinación positiva que puedas tener hacia una vida abundante. Entonces, en lugar de querer algo bueno, querrás y te sentirás atraído por algo que no es beneficioso para tu vida. Lo negativo resuena con lo negativo.

Los traumas son un imán para la energía negativa. Por eso es tan importante tratarlos y sanarlos. La mejor manera de vencer la negatividad es con tu inteligencia. La energía negativa es más conocida por actuar por impulsos que por decisiones racionales.

Un pensamiento de agresión de cualquier tipo que te pase por la mente cuando estás en medio de algo totalmente opuesto a ese pensamiento debería darte una respuesta clara de que ese pensamiento no te pertenece. Nuestra mente se mueve por la energía, cualquier energía a nuestro alrededor que quiera influir en nosotros enviará ondas a nuestra mente para que tengamos "ideas extrañas". Al igual como cualquier ser querido que haya fallecido, donde también puede comunicarse con nosotros, simplemente no siempre somos conscientes.

En la energía negativa, es cuando, en casos extremos, la gente actúa según algunas de esas ideas horribles y acaba quitando vidas; Siempre dicen que los demonios les obligaron a hacerlo. Si eres débil de mente y estás roto, eres una víctima fácil para que la negatividad te manipule. Le ocurre a la mayoría de la gente a diario, más a menudo a quienes están rodeados de energías oscuras y en lugares donde reina la negatividad. Solo necesitamos aprender a identificar cuándo ocurre una emoción negativa para poder examinar su origen y descartarlo como una influencia externa. Solo intenta tener control sobre tu mente, tu cuerpo y tus decisiones. Intenta ser más abierto, literalmente, abre tu mente para recibir solo mensajes buenos.

Creo que la negatividad ha hecho un trabajo intenso infiltrándose en nuestras vidas. Lo hemos permitido con música, espectáculos y entretenimiento. Específicamente, la falta de educación sobre la energía sexual y lo totalmente opuesto que se está promoviendo: la libertad sexual, que es, al final, el fin de la energía positiva.

La forma más rápida y sencilla de que fuerzas negativas entren en tu espacio hoy es a través del deseo y el sexo. Cuando se genera energía negativa, el proceso sexual es el mismo; Las moléculas se mueven, a menudo las endorfinas se mueven más rápido. Hay más placer, un deseo mayor de continuar sin dejar que el cuerpo descanse. La negatividad provoca mucho más placer o deseo de persistir que la positividad, ya que la positividad solo funciona durante el tiempo exacto que el cuerpo y la energía necesitan. Esto define el sexo y el amor.

El sexo es nuestra debilidad porque sabe que si puede hacerte sentir oleadas de energía más fuertes durante un periodo limitado (es decir, excitaciones fuertes), eso es todo lo que necesita para que te confundas y lo permitas entrar porque confundes lujuria con amor.

Solo sé un poco más vigilante y menos superficial.

Los impulsos radicales de emociones negativas son una prueba clara de negatividad dentro de tu cuerpo y a tu alrededor.

Cuando hay días en los que llegan energías negativas a nuestro sistema solar, normalmente te hacen sentir apagado, triste y sin fuerzas. Unos días después de que estas energías negativas entren, siempre verás ataques, agresión en personas, violaciones y mucho sexo negativo. Esto es lo que necesitamos equilibrar.

Positividad

Cada pensamiento que tienes sobre bondad, amor, afecto, honestidad y paz genera energía positiva. Ahora, imagina que si solo lo piensas, lo mucho más alto que sería si usaras todo tu cuerpo para crearlo. Desde tu boca con voz, hasta tu cuerpo con movimiento y sentimiento, y tu mente con pensamiento. Si combinamos todo esto, es el estado perfecto de generación de energía, conocido habitualmente como sexo.

Si quieres crear energía positiva en tu vida, debes ser consciente de que se crea por etapas y frecuencias. Es decir, si solo creas energía positiva en un acto de tu vida, aún tienes muchos otros que cubrir. Se trata de convertirte en una mejor versión de ti mismo para poder generar más energía positiva sin esfuerzo.

Mucha gente culpa a la vida por lo que les ocurre, pero la mayoría es auto-construido. Lo único sobre lo que no podías controlar era cuando estabas bajo el ala de tus padres o cuidadores. Después de eso, todo depende de ti. Necesitas crear energía positiva para que te ocurran cosas positivas. Si esta energía no se crea, entonces no hay nada que alimente esa "petición", o "deseo" o "oración" porque no hay materia prima, que es la energía positiva. Manifiestas energía positiva al universo; Se convierte en una caja de seguridad para tu energía, y eso es lo que usarás para que tus peticiones cobren vida. Todo es TUYO. Eres tú fuente de energía. El ideal de creer en las religiones se creó para que la gente se sintiera dependiente de otra cosa y perdiera la fe en sí misma. Psicológicamente, se cree que todo el mundo necesita creer en algo. Pero la verdad es que todo lo que necesitas, es creer en ti mismo. Eso es lo que hace que las oportunidades sucedan. Llena tu cubo de energía positiva para que te pasen cosas positivas. Tómalo como un juego: ¿cuánta energía positiva he creado hoy? Hazlo un objetivo diario, igual que si estuvieras ahorrando dinero en un banco. Pero esto es mucho más importante porque aportará mucho más que solo dinero al banco.

La energía del mundo se alimenta de la energía que genera cada ser humano y, más importante aún, toda pareja, porque las parejas la multiplican por dos y son la fuente del amor. Sino estas aportando amor al mundo, eres parte del problema.

Existe energía positiva en el trabajo que nos hace luchar, pero no sufrir; Luchar forma parte de la enseñanza aquí, el sufrimiento es parte de la energía negativa. Si eliges el mundo de la energía positiva, entonces eliges aumentar tu energía gradualmente, lo que significa que no te convertirás en millonario de un día para otro. No vas a lograr tus sueños de la noche a la mañana. Tendrás que trabajar en ellos. ¿Cuánto tiempo y cuánta dificultad? Realmente todo depende de cuánta negatividad hayas generado; Cada acción negativa requiere dos acciones positivas para compensarla. Así que, si has creado 2 años de negatividad, necesitarás 4 para empezar a ver cómo tu vida prospera y que la balanza se aliñe más a tu favor.

El éxito se alcanza en 3 niveles diferentes.

Amor, salud y riqueza. Solo un pequeño porcentaje de personas en el mundo ha logrado correctamente los tres. Si tienes demasiado de uno, dejarás el otro sin vigilancia. Necesitas equilibrar tus prioridades y organizar tu energía y tiempo en una distribución equilibrada. Cuando uno de los tres está teniendo dificultades, es porque no estás generando suficiente energía y atención en el otro tema.

Mucha gente tiende a categorizar a quienes ve en la fama como exitosos. Pero recuerda, no sabes lo que ocurre a puerta cerrada. Concéntrate en ti.

En el siglo actual, más que nunca, es importante encontrar un equilibrio entre nosotros y lo que nos rodea. El mundo que vemos y el que no vemos. Constantemente estamos buscando respuestas fuera de nosotros cuando sabemos que las respuestas que buscamos están dentro de nosotros. Necesitamos encontrar un equilibrio entre el mundo espiritual y el mundo material. Poniendo prioridad sobre nosotros por encima de las cosas.

¿Cuánto tiempo en tu vida dedicas atención a algo que te hace estar menos conectado contigo mismo? ¿Tu felicidad se ha vuelto dependiente de algo material? Si puedes pasar un día entero sin nada más que tu propia compañía y estar en paz, entonces ahí definimos que estás realmente conectado y equilibrado.

Es importante estar en contacto con quiénes somos como seres espirituales porque cuanto más nos hundimos en la madriguera de tener, nunca es suficiente. Somos seres de luz, y nuestro propósito no es generar riqueza material, sino espiritual, cuanto más espiritualidad mas abundancia en todo.

Practica la simplicidad, donde puedes viajar remotamente a un espacio con el mínimo posible y revalorarte como persona, conectar con la naturaleza, desconectar de la tecnología y prestar atención a las pequeñas cosas de la vida. Nos acostumbramos tanto a tener lo que tenemos que a veces olvidamos apreciar y estar agradecidos.

Ser positivo no significa que estes desprendido de lo material, a no sea quieras ser un meditador nómade como los de nuestro grupo, y como ese seguro no es el caso debes encontrar el balance entre ambos mundos. Tu luz será tu abundancia.

Estar agradecido es una de las emociones más importantes que puedes tener; Es un sentido de humildad.

Esto es lo que te ayudará a saltar o avanzar aún más rápido. La mayoría de la gente tiene la horrible costumbre de quejarse constantemente de las cosas que no les van bien, solo para generar esa misma energía para sí mismos. La energía generada por las quejas no refuerza lo que quieres. Al contrario, estás generando una energía de incomodidad que el universo y tu cuerpo entienden como ingrata. Esta es una energía que te hará estancar.

El universo no entiende tus quejas, y tu subconsciente tampoco. Así que, cada vez que dices que no quiero esto, en realidad estás diciendo que quiero esto porque estás proporcionando y alimentando esa energía de pensamiento. El universo funciona y entiende solo la vibración, no las palabras. Entonces, lo que dices debe estar siempre vibrando en la línea de abundancia y gratitud para obtener el mejor resultado.

La próxima vez que te quejes de algo, sé consciente y cambia inmediatamente tu patrón de pensamiento a "gracias".

Karma

Nuestro dulce karma... Pensar que tanta gente no cree en ello. Bueno, te aseguro y apuesto mi vida a que es real. De hecho, me divierto quitando esto a la gente, uno de mis bendiciones. ¿Se puede eliminar el karma de tu vida? Por supuesto. Por cada acción negativa, necesitas el doble de la positiva para equilibrarla.

Cada mala acción que hayas tomado, incluso si no eres consciente de que fue negativa, estará contigo eternamente, literalmente. La energía que creas es algo marcado en el éter, una señal que no puede ser borrada. En el momento en que creas energía negativa; Abres las puertas a las energías. Así como el tiempo no existe realmente, es posible viajar al pasado como viajar al futuro, pero algo debe estar reemplazando esa acción.

Esto simplemente significa que puedes reemplazar la energía que creaste en un momento dado sustituyéndola por energía positiva. ¿Cómo puedes hacer esto? Lo siento, necesitas 27 meditadores para hacerlo.

Pero, ¿y si te dijera que cada acción negativa que creas deposita su energía negativa dentro de tu cuerpo? Estas esferas de energía son aquellas que pueden ser eliminadas por alguien con energía positiva fuerte. Eliminar la negatividad vinculada a las acciones o errores negativos permite que la persona tenga una segunda oportunidad. No hace que el error desaparezca, pero elimina las consecuencias que absorbe. Dependiendo de lo grave que sea la situación, claro, todo siempre cambia.

Si existe un sistema de justicia perfecto en el universo, es definitivamente el karma. No entiendo por qué la gente se esfuerza en demandar a otros. Si alguien te hizo daño, puedes tener fe en el universo de que lo que se da se devuelve. El karma es como esa mochila que llevas, y cuantos más errores cometes, más pesado se vuelve hasta que la vida en general se vuelve pesada por completo.

Te preguntas por qué te pasan situaciones negativas, pero solo porque sientas que eres una buena persona no significa necesariamente que lo seas. Si realmente puedes evaluar tu vida y decir que nunca has engañado, mentido, robado, desorientado, falsificado, usado o abusado de nadie, ni de tu mismo ser en tu vida, entonces quizá estés libre de karma. Pero la mayoría de la gente piensa que son buenos y realmente no evalúan sus propias decisiones que han tomado por su vida. Son muchas, y a lo largo de mucho tiempo, todos cometemos errores.

Si estás balanceando los años en los que puede que hayas generado algún tipo de negatividad, ten en cuenta que el arrepentimiento es la purga más importante de karma. El problema es que si no sientes realmente pena por lo que hiciste, quizá por ti mismo o por otros. Estamos hablando de la acción más pequeña, tan simple como beber demasiado, poner toxinas en el vaso y no cuidar de tu cuerpo. Estos son los arrepentimientos que Te ayudarán a sanar.

Pedir perdón a tu niño interior.

Ángeles y Demonios

Cualquiera que piense que somos la única especie inteligente en este universo es simplemente... un atraso... miles de años.

Así como vivimos en una dimensión, hay cantidades ilimitadas de dimensiones y frecuencias dentro de esas dimensiones. Hay rangos de energía cuando se trata de entidades, ángeles, orbes o alienígenas. La realidad es que todos son iguales; son energía manifestada de diferentes maneras, existiendo en distintas vibraciones, ocupando un espacio distinto. Existimos en una dimensión o más a la vez. Cuando dormimos, nos conectamos con otras dimensiones. Si nunca has probado el sueño REM, te lo recomiendo mucho. Simplemente pon una alarma una hora o media hora antes de tu horario para levantarte. Apágalo y vuelve a dormir. Este será el momento en que tu subconsciente y tu mente consciente se unan, y tendrás más posibilidades de recordar lo que estás viendo y recibir cualquier mensaje que puedas necesitar.

Tenemos la capacidad de comunicarnos fuera de nuestra realidad visual. Tu visión es simplemente conectar con lo que existe en esta realidad física. Puedes hablar con seres queridos que han fallecido en tus sueños, tener conversaciones completas si quieres. Puedes viajar por otros mundos y experimentar poderes que no posees en tu realidad. La belleza de los sueños es que siempre te dirán algo; Solo tienes que aprender a interpretarlos y creer en ellos.

Para alguien que ha invitado a entidades negativas a su hogar, la situación puede desmoronarse de las siguientes maneras... Obviamente no sabías que estabas creando negatividad porque nadie te lo había dicho. Cualquier acto de lujuria, odio, ira o depresión que ocurra en tu vida es un acto de debilitamiento de tu energía positiva y de dejar una puerta abierta para que la energía negativa entre. Si has atraído suficiente negatividad a tu vida, lo más probable es que tengas síntomas de depresión, soledad, pensamientos suicidas, agresividad, etc. Este tipo de entidades atraerán a más entidades negativas, así que sigues perdiendo de vista tu camino. Sufrirás consecuencias de insomnio, pesadillas, sueños sudorosos como si estuvieras luchando contra algo, e incluso violaciones en sueño. La mayor posesión de una entidad en alguien es la violación energética. Esto es la gota que colma el vaso; Este es un ser humano completamente poseído sin poder ni voz sobre sus acciones. Sí, es real, sí, pasa, más de lo que crees.

Estos son casos claramente extremos. Las víctimas de abuso energético sexual muy rara vez se presentan para pedir ayuda porque simplemente las etiquetan como locas y todo es cosa de su imaginación. No hay nada más destructivo que pasar por algo así y no poder contárselo a nadie. Estos son casos extremos y suelen ocurrir en casas con una carga muy negativa, lugares cerca de cementerios, lugares donde hay portales, donde se ha cometido brujería o donde se han cometido crímenes, son todos posibles lugares para llevar demonios de esta fuerza.

El segundo y más popular tipo de negatividad es el que todos tienen, pero que aún puede llevar una vida relativamente normal pero estresante. Esta negatividad es la que se crea en casa por peleas sin sentido, falta de amor, agresividad en el sexo, pornografía, sustancias, violencia doméstica... Ya te haces una idea. Siendo el sexo el generador más activo, será el que tendrá más energía, así que cualquier agresión alcanzará el máximo de negatividad. Las sustancias o la agresión atraerán energías que vibran en esa misma sintonía. La mayoría de la gente se ha abierto a la negatividad a través del sexo y ni siquiera lo sabía. El sexo alimentado por la lujuria, que es vacío, es un impulso físico que te domina, y te rindes a él como animales; Se aparean por instinto. Si alguna vez sientes que has cedido ante el pensamiento de la agresión, donde el dolor o el maltrato te dan placer, entonces eres un canal abierto por donde fluye la energía negativa.

Aunque no quieras creer que hay algo malvado que nos persigue, solo con sentido común, piensa, ¿qué tipo de energía atraerá una acción agresiva? No puede atraer a un ángel amoroso para que venga a resolver tus problemas. Atraerá algo que se alimente exactamente de esa energía que estás generando.

La energía negativa absorbe tu buena energía y te vacía; La energía positiva llena más tu energía, te hace sentir más fuerte, llena tu batería de luz y posibilidades.

Las personas que sufren cualquier tipo de adicción pasan por el proceso de purgar su cuerpo de esa adicción, pero lo que nunca piensan en hacer es liberar su energía de toda la energía que absorbieron durante la adicción, así que siempre vuelven al mismo camino y recaen. No puedes limpiar el cuerpo sin limpiar el alma. Aunque tus decisiones son tuyas, estamos constantemente presionados por la energía oscura porque es la que más se genera.

Estamos siendo guiados constantemente; El problema es que no escuchamos todo el tiempo, y algunas personas se olvidan de que tienen la capacidad de escuchar en absoluto. Todos tenemos ángeles guardianes, seres queridos que aún nos cuidan y otros tipos de energías que o bien nos empujan o nos atraen. El último trabajo de mi ángel de la guarda era yo, su última misión para poder avanzar a la siguiente categoría de luz, supongo... Creo que tuvo un tiempo muy ocupado manteniéndome con vida, pero me llevó a donde necesitaba estar. Así que si alguna vez escuchas una vocecita en tu cabeza que suena igual que tus pensamientos, escucha.

Puedes conectar con antiguos seres queridos si realmente quieres. Estos no son regalos para algunas personas. Estas son líneas de comunicación entre nosotros y el éter. Puedes acceder a ellos cuando quieras, especialmente en tus sueños, porque ahí es donde tu mente consciente no te distraerá. Nuestros mensajes suelen llegar a través de nuestros sueños si no estamos tan conectados durante el día. Dependiendo de tus actividades, tu cerebro debe estar disponible para comunicarse; Si estás constantemente procesando pensamientos de razonamiento, no permites que la intuición tenga voz.

¿Alguna vez has estado en una situación en la que ocurrió una tragedia y casualmente llegaste tarde ese día? O algo dentro de esas líneas. Constantemente recibimos señales que sí captamos, pero de las que no somos conscientes. Ser consciente de ellos solo te hará más sensible a recibirlos con el tiempo y escuchar al universo un poco más a menudo. Escucha a tu instinto como si fueras tú quien te habla, porque es tu yo superior, el que has reprimido con tantas cosas pasando en tu cabeza y en tu vida material.

Creo que hemos estado tan separados de escuchar nuestros pensamientos y sentimientos porque preferimos estar "entretenidos". Las energías también tienen su jerarquía, según el tiempo de existencia, la experiencia, las misiones concluidas, etc. Podemos hablar con ellos si queremos. Puedes tener la intención de comunicarte con una persona concreta que ha cruzado, así que simplemente piensas en esa persona, la llamas, la invocas. Ellos decidirán si aceptan la invitación y se conectan contigo, si la petición es pura. Esto suele ocurrir en los sueños. Al principio, te sentirás un poco delirante porque parecerá que hablas contigo mismo, hasta que más adelante con el progreso estarás seguro de que no es así. Hay que permitirnos tener ese tiempo y espacio en nuestra mente donde no haya nada más, de esta forma podemos pasar por nuestra evolución como seres espirituales.

Atraemos lo que somos, lo que llevamos. Así que, si llevamos tristeza, rencores, odio, envidia, mentiras, ira, promiscuidad, ¿qué suponemos que vamos a atraer? Alguien con los mismos niveles vibracionales, porque al final del día, solo somos canales que se conectan a mayor escala.

Lo que puedo decirte sobre los demonios es que los atraes según tus acciones. Se quedan ahí si no te los quitas antes de pasar al plano espiritual (ósea la muerte), porque ellos son energía; Por lo tanto, se aferran a tu energía con la capacidad de impedir que tu alma siga adelante. Si has abierto la puerta a una energía negativa fuerte y estás pensando y actuando para cambiar el rumbo de tu vida, hará todo lo posible para no permitirte seguir adelante porque siente que tiene derecho sobre tu alma desde que la invitaste a entrar. Es recomendable que te ocupes de tus problemas personales mientras estés vivo y no después. Esto no es una creencia; Esto es una realidad. Te guste aceptarlo o no, el 80% de nuestra población tiene estos seres parasitarios dentro de sí, manipulando su vida cotidiana, y ni siquiera lo saben.

El suicidio es la peor decisión que alguien podría tomar. Pido disculpas porque lo que voy a contarte va a doler a algunos, ya que sé que los familiares desearían que sus seres queridos estuvieran en paz. Cuando una persona es suicida, está en su última gota de energía. Lo que les lleva al límite no es su nivel emocional; son las entidades que han atraído en los últimos años, antes de llegar a la etapa final. Esto no ocurre de la noche a la mañana, y como estas vidas se acortan antes de tiempo y con la posesión de negatividad, estas almas quedan atrapadas por la negatividad, eternamente, a menos que alguien les ayude a limpiar sus almas de la energía negativa que las atrapa. Esto es algo que sé profundamente porque es una de mis obras favoritas, liberar almas atrapadas. Es increíblemente gratificante sentir tanto sufrimiento y luego tanta paz y gratitud después. Así que si eres alguien que ha perdido a un ser querido por suicidio, no lo dejes desatendido y busca a alguien que pueda ayudar a la limpieza de su alma para seguir adelante.

La diferencia entre ángeles y demonios es que los ángeles permiten el libre albedrío y los demonios no. La energía positiva es algo que buscas y necesitas crear; La energía negativa es algo que se colará si lo permites en un estado vulnerable. Estamos en una batalla silenciosa entre el bien y el mal, pero solo si no quieres verlo, entonces no lo verás. A veces, la negación es una buena protección hacia las energías.

Solo sé vigilante con los pensamientos que no son tuyos, ayuda y sonríe a quienes puedas, y siempre intenta ser lo más puro posible para que tu proceso aquí esté guiado por la luz y no se hunda en la oscuridad.

Comprensión Energía

La energía se genera en muchas frecuencias diferentes, por lo que es importante saber si estamos cubriendo todos los espacios necesarios para vivir una vida abundante.

Cada pensamiento que tienes crea una frecuencia en la energía, en cada emoción y en cada acción física. Se basan en la fuerza, ya que el pensamiento precede a la emoción y la acción. Cuanto más fuerte era el pensamiento, más energía se le daba a ese pensamiento. Tu aura, si es que se le puede llamar así, la capa protectora de energía que te rodea, debe ser lo más prístina posible para que no se filtre negatividad. Esto significa que debes generar energía en todas las frecuencias disponibles para poder llenar el espacio que completa este escudo protector.

Así que, quizá pienses, hago todo bien, soy una buena persona, pero aun así me pasan cosas malas... ¿por qué? Debemos profundizar en descubrir cuánto, con qué frecuencia o cuán poco haces algo que afecta a ese escudo. Por ejemplo, "Soy una buena persona." ¿Cuántas veces al día juzgas o críticas a otra persona? ¿Con qué frecuencia te enfadas por algo? ¿Cuidas tu cuerpo y lo que consumes? Lo más importante, ¿con qué frecuencia generas energía negativa sexualmente con encuentros sin sentido? La mayoría de la gente ni siquiera tiene en cuenta el sexo cuando se trata de espiritualidad. La verdad es: el sexo es espiritualidad.

Puede haber muchas preguntas que repasar que te ayudarán a analizar dónde se filtra tu positividad. Hablemos de la energía sexual: en una relación, la energía se multiplica por dos. Si generas energía de amor durante el coito, ese es un nivel de energía, el más fuerte, porque es la unidad de dos energías fusionándose. Pero, ¿y si no generas energía en el sentido de estar ahí para la persona, cuidar, amar, abrazar, besar o ayudar a sus necesidades? Todas estas acciones generan una energía menos intensa, pero cuando las sumas todas, casi ocupan el espacio de la relación sexual en cuanto a la cantidad de energía que suman. Así que lo que intento que entiendas es que puede que estés haciendo muchas cosas bien, según tu conocimiento, pero las pequeñas cosas que quizá no consideras importantes son las que dejan ese espacio débil para que la energía negativa invada y te afecte desde algo tan simple como una lucha insignificante, A que te despidan de tu trabajo. Si estás soltero, simplemente debes reservar tu energía sexual para ti y no desperdiciarla. Aunque, por supuesto, debemos tener en cuenta que no todo lo que consideramos malo es malo. A veces esperamos cosas que hemos planeado y que no son necesariamente lo que el universo quiere que experimentemos. Debemos estar abiertos y agradecer el cambio.

La vida es movimiento constante. Cuando no haya nada más en este mundo en el que puedas moverte, dejarás de existir en esta realidad; Simplemente no tiene sentido. Estamos aquí para crecer y para que nuestras almas se enriquezcan con experiencias que nos hagan vibrar aún más. Este es tu propósito aquí. Brilla con tu luz y deja un camino para que quienes vengan después sigan brillando y continúen tu evolución. La Tierra es solo una escuela a la que venimos a aprender. Una vez que superamos todas sus enseñanzas, ya no necesitamos volver. La evolución nunca se detiene.

Todo lo que la negatividad necesita es una pequeña chispa de oscuridad para desentrañar mucha más de ella. Puede parecer complicado, pero una vez que empieces a entrenar tu mente para ser consciente de tus pensamientos y acciones, cada vez ocurrirá de forma más natural. Todo comienza con intención.

Algo que ocurre a menudo y se ve como insignificante es que las parejas hacen el amor pero piensan o fantasean con otra persona, o peor aún, recuerdan relaciones pasadas como destellos. Esta es una de las causas de los incendios negativos en las relaciones que pasan desapercibidos. El intercambio de energía a un nivel tan profundo requiere toda tu atención. Pero cuando ya has vinculado aventuras emocionales en otros lugares, se crea un hilo invisible que volverá a aparecer en el momento en que estés listo para establecer una relación positiva. Es una forma de confundirte, y aún peor cuando captas el pensamiento y lo revives, lo que significa que lo estás devolviendo a la vida. Así que, si se supone que debes tener pensamientos puros para generar energía positiva de amor cuando haces el amor, cualquier negatividad del pasado realmente volverá para intentar desviarte del camino correcto. Es entonces cuando entra en juego la inteligencia.

La energía se genera al 100% por intención. Así que, si tu intención es físicamente con tu pareja, pero tu mente, que es la que guía la energía, está pensando en otra persona, inmediatamente provocarás un pico de energía negativa en el momento en que ocurre a través de tu encuentro. Esto puede reflejarse después, cuando estáis de mal humor sin motivo o cuando empieza una pelea tonta con bases insignificantes. Es diferente si es una fantasía de la que has hablado con tu pareja antes y nunca ha ocurrido, porque no hay ninguna acción pasada que revivir o despertar; Lo estás creando con tu pareja en este momento.

En otras palabras, no le heches leña al fuego. Si piensas en generaciones de energías sexuales anteriores estas reviviendo esa energía, que como no es con quien estas actualmente, será en defecto, negativa para tu relación actual. Debes ser inteligente y rechazar esos pensamientos.

La mejor manera de gestionar la energía en tu vida es mediante la conciencia. Sabes lo que está bien o mal, sabes lo que deberías hacer o no hacer, así que sabes cuándo tienes intenciones astutas o desviadas que simplemente necesitas corregir con tu propio proceso de pensamiento. Pensemos en la energía negativa como un virus en nuestro sistema informático que necesita ser purgado y revisado cada día. Tu mente es tu CPU, abres cientos de pestañas al día, filtras solo las que te benefician, todo lo demás, lo mandas a la basura.

La energía es conciencia, así que necesitas hablar con ella y contigo mismo cuando algo te venga a la mente que sabes que no debería estar ahí, simplemente ignorando el pensamiento, entrecerrando los ojos, negando con la cabeza, diciéndole literalmente que se vaya y reordenando tus pensamientos. "No doy la bienvenida a estos pensamientos en mi campo energético; Vivo en el presente y creo en el presente". Aquí es donde primero tomas el control de tus pensamientos. Puede sonar tonto, pero marca toda la diferencia.

Cuando una persona se cruza en tu camino llena de rabia y frustración y trata de llegar a ti con esas emociones, tu reacción cambiará si la ves simplemente como si no fuera ella misma. En lugar de pensar, qué loca, piensa: pobre alma, está cubierta de oscuridad, y aprenderás a sentir compasión por ellos en lugar de odio. Cada persona que actúa en forma de rabia o enfado está alimentada por la negatividad que ha atraído de alguna manera, así que hablarles es enfrentarse a sus energías oscuras. Permitir que su negatividad se quede con la tuya solo demostrará que te rompieron y te golpearon; Ahora se ha propagado como un virus que dejaste entrar. Me lo tomo como un juego; Lo hace mucho más emocionante. Cuando alguien intenta enfadarte, es porque la energía oscura de esa persona intenta influir en ti, así que simplemente no debes seguirle el juego y ver quién es más fuerte. ¿Debería alguien tener ese tipo de poder sobre ti? Donde afectan a tu estado emocional y lo pierdes. Esto es tu pérdida, aquí es cuando el orgullo resulta útil. Cada vez que no puedes controlarte para actuar en un estado de paz, estás perdiendo la partida. El juego es estar centrado, pacífico y tener el control tanto como puedas en tu vida, para poder llevarte a tomar decisiones inteligentes. Siéntete libre de darte premios por tu progreso, porque no hay nada más complejo que el cerebro humano, y acabarás intentando controlarlo al máximo.

Tener control sobre tu mente es tener control sobre la mayoría de las situaciones que te pasan. Dejando a un lado los errores de la gente que te afectan, por supuesto, que no podemos controlar.

Para proteger tu aura y mantener un campo energético positivo, es esencial cultivar la atención plena en todos los aspectos de tu vida. Reconociendo las fuentes de energía negativa, ya sean de pensamientos, acciones o interacciones, puedes evitar que se infiltren en tu escudo protector. Considera cada encuentro, cada palabra pronunciada y cada pensamiento generado como una posible contribución a tu balance energético general.

Alcanzar este nivel de conciencia requiere una profunda autorreflexión y un compromiso con la pureza de la intención. Observa tus interacciones diarias e identifica momentos en los que la negatividad puede colarse. Desafíate a corregir estos lapsos y sustituirlos por comportamientos positivos y constructivos. Este proceso transformador no solo aumentará tu energía personal, sino que también influirá en quienes te rodean, creando un efecto dominó de positividad.

Abraza este viaje como una práctica continua en tu búsqueda de crecimiento emocional y espiritual. Con paciencia y persistencia, cultivarás un aura resiliente y vibrante que repele la negatividad y atraiga armonía y paz. Recuerda, el poder para moldear tu energía reside en tus pensamientos y acciones. Elige con sabiduría, actúa con compasión y deja que tu luz interior brille con fuerza. Puede parecer abrumador pensar que tienes que analizarte a ti mismo a diario, pero una vez que empiezas tus órdenes y prácticas mentales, acabará ocurriendo de forma natural sin que te des cuenta ni pongas mucho esfuerzo.

Profundicemos en la intimidad, ya que es el mayor generador de energía para los humanos. Creo y he demostrado que al tener control sobre tu energía sexual, puedes controlar cualquier otro pensamiento mucho más rápido y eficientemente. Si tienes control de tu mente en las circunstancias de excitación, que es la energía en movimiento más alta, tendrás control sobre tu energía en todo momento durante un día normal. Manipularás tu sexualidad para controlar tu día a día.

Otro motivo para que la energía negativa ocurra, es pensar y actuar de forma agresiva mientras estas en un acto íntimo. Aqui es cuando creas los picos más fuertes de energía negativa para tu vida. Así que cualquier pensamiento de agresión hacia la otra persona, como usarla para desahogarse o causar cualquier tipo de daño, creará picos de negatividad, porque has dado la bienvenida a la agresión en tu vida, no al amor. No te malinterpretes, cuando hablo de agresividad, me refiero a que solo estás teniendo sexo para desahogarte, y puede ser con cualquiera, necesitando aliviar el estrés en la persona. Nunca deberías usar a otra persona para descargar tu estrés, siempre deberías querer llenarla de amor. El estrés está lleno de ira, agotamiento, rencores y pereza; No puedes pensar que descargar todo eso en una persona sea algo bueno. Si no tienes buena energía para compartir, no la compartas en absoluto.

Si están en pareja consolidada ya es diferente. Ya que la energía del amor quema toda negatividad existente.

El sexo de reconciliación es probablemente uno de los que se cree que puede ser más satisfactorio que pueden tener algunas parejas, solo porque está impulsado por la rabia, por lo que la descarga de adrenalina es más rápida, pero los resultados finales son desastrosos.

Tienes que empezar a pensar en el sexo como lo que es, una conexión con una salida donde te llenas de energía, así que ¿con qué energía te llenas? ¿La persona con la que estás está llena de depresión, tristeza, culpa, vergüenza, ira o rencores? Todo esto pasa por tu cuerpo cuando decides intercambiar energías. ¿Tienes la energía suficiente para afrontar todas esas emociones, o te sentirás abrumado y acabarás absorbiendo lo que no es tuyo?

Desperdicio de energía

¿Cómo podemos desperdiciar esta fuerza en encuentros sin sentido? Desperdiciar nuestro poder...

CUALQUIER reacción negativa que tengas por el mal humor o debilidad más insignificante debilitará tu protección energética. Todo lo negativo que ocurra a tu alrededor te consumirá el doble de energía para arreglarlo, y eventualmente te vaciará.

Hacer actos que no nos llenan. Una cosa es si haces algo por pasión, no es un trabajo, es un hobby que paga. O si haces algo solo por la responsabilidad de pertenecer. ¿Cuántas vidas quieres tener hasta que por fin lo consigas? No pierdas el tiempo en cosas que no enriquecen tu alma. Si vas por ahí zombi y has perdido la noción de por qué estás aquí, no te queda energía. Olvidaste tu propósito. Parte de ese propósito es lo que hacemos casi todos los días de nuestra vida.

Probablemente tu trabajo es lo que ocupa la mitad del tiempo en tu vida. ¿Para qué desperdiciarlo haciendo algo que no te hace feliz? No parece sensato. A veces buscamos estándares que requieren demasiada atención cuando, en realidad, ¿cuánta necesitas? ¿Y lo necesitas en absoluto? No estás hecho para vivir para trabajar; Se supone que debes trabajar para vivir mejor. Nadie te lo pondrá fácil, pero si fuera fácil, todo el mundo lo harían, y este libro no tendría sentido. A los humanos les gustan los atajos, y nuestra energía se ha debilitado gracias a ellos. Si eres inteligente, usarás atajos para optimizar y no para comercializar.

La siguiente sería dejar de perder el tiempo alimentando a personas y situaciones que no te enriquecen. Si alguna vez estás rodeado de alguien que no ve tu futuro como exitoso, simplemente no estés cerca de esa persona. Son personas que normalmente tienden a alimentarse de la energía de los demás.

Argumentos insignificantes. Es muy normal que nuestro ego entre en juego y piense que tenemos que hacer que todos piensen como nosotros. No, cada persona tomará sus decisiones basándose en la experiencia y la información que ha tenido. No puedes cambiar la experiencia de esa persona; Solo puedes proporcionarles nueva información para que puedan sacar una conclusión por sí mismos. Nunca intentes convencer a alguien de tus ideas; No está bien imponer nuestros pensamientos a los demás. Cuando alguien piense diferente a ti, simplemente acéptalo y acepta no estar de acuerdo. Cada segundo que pierdes intentando empujar la energía de la otra persona es un segundo perdido creando energía positiva para ti mismo. La cantidad de energía que desperdicias en emociones, vibraciones de voz y pensamientos en discusiones que acabarán igualmente, es algo que nunca podrás recuperar. Lo que puedes hacer es cronometrarlo o evitarlos. ¿Cuándo fue la última vez que discutisteis y cuánto duró? Ese tiempo es el tiempo que has desperdiciado. Tu batería está ahora al 80%. Tu energía es tu vida, así que gástala sabiamente.

¿Hay algo o alguien en tu vida que NO te transmita sentimientos de: amor, amistad, cuidado, apoyo, consuelo? Aquellos que te agotan la energía cuando hablas con ellos:

Apúntalo:

Ahora, ¿quién queda en la lista? ¿Quién te aporta energía positiva?

Apúntalo:

Quédate con quien esté en tu lista de energías buenas. Por drástico que suene. Si alguien de tu lista de malos es un familiar querido, simplemente limitarás un poco más el tiempo que pases con esa persona. Si esto no es posible, entonces simplemente acepta que ellos no ven las cosas como tú; No sienten lo mismo que tú por ciertas cosas, y eso está totalmente bien. No tienes que buscar a nadie más para que te entienda mientras tú lo hagas. Pero eso no significa que no puedas tolerar las opiniones de los demás. La próxima vez que estés sentado en una mesa y esa persona te saque de quicio, recuerda que es una prueba a tu tolerancia. ¿Cuánto puedes soportar antes de que te rompa y dejes que la negatividad se cuele? Las mejores peleas se ganan en silencio.

Al limitar con quién pasamos más tiempo, nos motivamos a alimentarnos de energía positiva a lo largo del día. La energía social es muy importante. Cuando estamos rodeados de amigos, seres queridos, incluso desconocidos, estamos generando energía; Lo importante es qué tipo de energía se genera en el encuentro. Empieza a proteger más tu energía; Es tu juventud.

Otro desperdicio de energía es si estás con alguien por quien no sientes nada por miedo a empezar de nuevo. En lugar de crear buena energía, que es para lo que están hechas las parejas, estarás creando una energía de fricción. No tiene por qué ser negativo, pero tampoco será positivo. Por supuesto, tendrá más inclinaciones negativas porque es un vacío. Esto es malo, porque ambas energías estarán en estado de defensa, así que estarás más tenso, con poca energía, cansado, sin proximidad, y así sucesivamente. Esto es un desperdicio de energía. Deja que cada persona sea flexible para elegir lo que es mejor para ella. No recuperarás el tiempo, así que no lo malgastes en lo que sabes que no es para ti. Cuanto más insistes en algo, más intentas manipular y cambiar la naturaleza de la secuencia de eventos. No insistas y aprende a aceptar. Permítete estar más presente, pero sobre todo, más abierto verbalmente. Expresa tus emociones. Expresa tus sentimientos, ¿llevas tiempo queriendo decir y no lo dices? ¿Por qué la gente gasta tanto dinero pagando a alguien para que te haga entender lo que ya sabes? Eres capaz de expresar lo que sientes en cualquier momento de la forma más honesta posible. ¿Por qué no poder compartir tus sentimientos con la persona con la que eliges ser más íntimo? ¿Si quieres saber si tu pareja es la adecuada para ti, o si estás prestando atención? Es sencillo:

¿Son tus mejores amigos?

¿Puedes estar en tu estado más vulnerable con ellos?

¿Confiarías en ellos con tu vida?

Tu pareja tiene que ser la persona que más te conoce en tus mejores y peores momentos y que aun así te quiera; No deberías tener miedo de contarles nada; Son tus mejores amigos.

Se hace más desperdicio de energía preocupándose por el futuro. Probablemente una de las cosas más habituales, especialmente si tienes responsabilidades. Acepta poco a poco que solo tienes un control real sobre el presente. Solo puedes manipular la toma de decisiones que estás tomando ahora. Puedes controlar cómo reaccionas ante la gente, cómo aceptas o rechazas invitaciones, trabajos y amigos. Puedes elegir estar enfadado, triste, molesto, quejarte, o elegir sonreír, ser feliz, tranquilo y encontrar soluciones.

No hay nadie más a quien responsabilizar de tu vida hoy aparte de ti mismo. Porque sea cual sea la historia que te cuentes, es la causa de lo que experimentas. Hoy solo te permite ser como eres hoy, es decir, aceptarlo y tomarlo como una realidad, dejar de buscar excusas y asumir responsabilidades.

Estresarse por lo que podría haber sido y por cosas que están fuera de tu alcance es otro desperdicio de energía. Analiza la situación y, si no hay absolutamente nada que puedas hacer al respecto, no pierdas más tiempo pensándolo.

Literalmente vas a quemar la energía. Gastarás mucha energía pensando sin parar y nunca encontrarás una solución. Concéntrate y dedica más tiempo y energía a las cosas que pueden equilibrar lo malo, a las que puedes controlar y hacer algo sobre ellas.

Esperar a los demás es otro gran desperdicio de energía. Aceptar que nuestro tránsito en este espacio es temporal y único. No estamos atados a nadie a menos que lo decidamos; Simplemente estamos todos conectados. No esperes a que alguien cambie si no hay intención personal en ello; La gente cambia cuando realmente quiere y toma la iniciativa en ello. Nunca deberías forzarles; Es respetar el libre albedrío, a menos que, claro, necesites intervenir en un problema de salud.

Conformarse es una de las razones por las que puede que no estés progresando. Tendemos a encontrarnos en zonas de confort de las que es difícil salir porque tenemos miedo al cambio. Te sientes estable pero sin progresar. Puede que pienses que esto es todo lo que mereces, pero solo serás tan bueno como lo que propongas ser. Te mereces lo mejor y nunca deberías conformarte con menos que eso. Todo esto empieza por valorarte primero a ti mismo. La mayor parte de la falta de confianza que tenemos viene de la infancia, así que vuelve al programa de entrenamiento mental y hazlo.

Otro gran desperdicio de energía es preocuparse por lo que ocurre en la vida de los demás. Hoy en día hay mucha gente que pasa más tiempo viviendo la vida de otros que la suya propia. ¿Qué esperarías que pasara? En lugar de asumir la responsabilidad de tu vida y de lo que quieres en ella, algunos prefieren entretenerse para olvidarse de las responsabilidades. Porque es demasiado complicado, se invierte demasiado tiempo. ¿Valorar más lo que vale la pena, tu vida o la de los demás?

Deja de malgastar energía y toma decisiones que sepas que son necesarias.

Apunta las cosas o personas que sientes que te hacen malgastar energía

Amigos

No tienes que buscar amigos; los amigos aparecen por sí solos, naturalmente. No puedes ir a ellos; más bien, vienen de algún sitio y son compatibles. No intentes cambiar las formas naturales. Si no has encontrado ninguno, es porque no hay personas compatibles a tu alrededor.

En la vida, las personas suelen agruparse en cuatro categorías distintas según su relación con el dinero y el amor. Comprender estos tipos puede ayudarte a reconocer qué relaciones son beneficiosas y cuáles pueden agotar tu energía u obstaculizar tu crecimiento personal.

1. Aquellos que no tienen ni dinero ni amor

Los individuos de este grupo suelen llevar vidas llenas de resentimiento e incredulidad. Se sienten perdidos, buscando constantemente algo que parece inalcanzable. Su perspectiva puede ser negativa y su energía puede afectar a quienes les rodean. Es recomendable mantener distancia de ellos, ya que su perspectiva puede ser agotadora y puede impedirte avanzar de forma positiva.

2. Aquellos que tienen dinero pero no amor

Las personas que poseen riqueza pero carecen de amor tienden a sentirse poderosas y seguras de sí mismas. Sin embargo, esta confianza puede manifestarse en arrogancia; pueden creer que lo saben todo y suelen ser discutidores, siempre buscando demostrar que tienen razón. Interactuar con ellos suele ser improductivo y puede hacerte perder tiempo y energía.

3. Los que no tienen dinero pero tienen amor

Este grupo se caracteriza por la esperanza y un sentido de bienestar. Mantienen una actitud positiva y son optimistas respecto a su progreso futuro. Su naturaleza optimista suele atraer a muchos amigos, e interactuar con ellos suele ser agradable. Pueden ser una fuente de inspiración y una conexión genuina.

4. Aquellos que tienen tanto dinero como amor

Las personas de esta categoría suelen ser felices y emprendedoras. Escuchan atentamente y muestran respeto por las opiniones de los demás. Su enfoque equilibrado de la vida los convierte en compañeros y modelos a seguir deseables, contribuyendo positivamente a quienes les rodean.

Relaciones

No puedes esperar atraer a la persona adecuada si no vibras según tus expectativas. Además, ¿cuáles son esas expectativas? ¿Buscas encontrar a alguien que se preocupe por ti, o buscas a alguien que luzca bien en tu página de Instagram? El principal problema actual es la superficialidad y los escudos. El mensaje subliminal que ha difundido la industria del entretenimiento ha cambiado lo que la mayoría de la gente busca en una pareja; muestran que lo importante es la apariencia antes que el valor humano, muestran una imagen perfecta de cómo debería ser una pareja.

Primero deja de intentar mostrarte como la pareja perfecta, eso nunca funciona. No quieres atraer a alguien solo porque te ves bien y actúas; Por eso, quieres atraer a alguien que vea más allá de tu aspecto. Así que estar relajado, despreocupado y natural es la mejor opción si esperas encontrar el amor para siempre. Dedicar tanto tiempo a lucir bien en el gimnasio o en la peluquería para poder ser atractivo para los demás solo atraerá precisamente eso. Personas que solo se interesan por tu aspecto y un buen rato temporal.

Puedo decirte que miles de personas se encuentran con sus almas gemelas en su vida y nunca se dan cuenta. La mayoría de la gente descarta a su alma gemela sin saberlo porque ni siquiera le da una oportunidad. Simplemente no cumplieron sus expectativas. Estar tan ocupados asegurándose de que la lista de requisitos esté marcada en cada casilla que se olvidan de lo más importante, que es la química. Nos hemos distanciado de nosotros mismos y hemos dado más valor a la materia.

Si eres alguien que carece de confianza y amor propio, vibrarás a un nivel de frecuencia que atraerá a otra persona con el mismo nivel de vibración. Dos seres de vibración baja pueden unirse, pero solo prosperarán si trabajan juntos para mejorar y vibrar más alto. Si no hay trabajo mutuo para mejorar, simplemente te quedarás atrapado en esa misma frecuencia y eventualmente más abajo. Por eso es tan importante centrarse primero en sanarte y en convertirte en la mejor versión de ti mismo. O busca a alguien que te acompañe en el camino para mejorar. Las relaciones están hechas para multiplicarse y avanzar juntas.

Nuestra energía depende de nuestro nivel emocional. Cuantas más emociones tengas que pesen en el lado negativo, más te atraerán a situaciones y personas que están más en ese lado, y viceversa. Constantemente atraemos a personas a nuestras vidas; La clave es saber cómo atraer a los adecuados.

La única manera de hacerlo es dejar de buscar a alguien que te complete y mirar hacia dentro en su lugar. Evalúa los puntos clave en los que necesitas trabajar, empezando por los desencadenantes que te provocan ciertas emociones que alejan a las personas. Celos, envidia, rabia, depresión, posesividad, inseguridad. Deshazte primero de esos desencadenantes, sé consciente de cuándo tienes esas emociones para poder identificarlas y controlarlas, dejándolas atrás finalmente.

Encontrar la pareja perfecta significa que has encontrado la química perfecta. Tu cuerpo, mente y espíritu deben estar en sintonía. Para saber si sus cuerpos son compatibles, te sentirás muy cómodo con la liberación de química de la persona, su piel, sudor y olor. Cuando estás con alguien y no hay química, encontrarás olores desagradables que básicamente son tu cuerpo reaccionando negativamente a la persona; Por supuesto, siempre hay excepciones. Tu espíritu sabrá si es la energía la que lo completa con una simple intuición instintiva, pero esta intuición solo debe seguirse si ya has sanado. No puedes seguir tus instintos si eres tóxico y estás lleno de energía negativa; Solo te atraerá hacia una intuición errónea. La mente es la más difícil de convencer, siempre pon las dos primeras opciones, permitiendo que tu mente esté abierta a la posibilidad de un emparejamiento con química y espíritu.

A veces la gente pone tanto esfuerzo en encontrar a la persona adecuada que se olvida de encontrarse a sí misma primero. Si no puedes encontrarte a ti mismo, ¿qué esperanza tienes para encontrar la pareja perfecta? Las cosas sucederán cuando llegue el momento adecuado y estés preparado.

Cuando nos involucramos con alguien problemático o tóxico, es totalmente culpa nuestra porque nos hemos puesto en esa situación; Atraíamos esa relación tóxica sin ni siquiera saberlo. Sin una evaluación adecuada de cómo te va internamente, nunca entenderás por qué sigues cayendo en los mismos patrones. Estas personas no se están cruzando en tu camino por mala suerte; Tú estás causando estas atracciones.

Algunas personas esperan que una relación llene un vacío de soledad, pero todo ese tiempo, podrías estar trabajando en una mejor versión de ti mismo para atraer a una mejor versión de pareja. Liberar nuestra energía es crucial para que podamos seguir con nuestras vidas sin que las influencias negativas provoquen patrones negativos.

Si estás pasando por depresión, no necesariamente vas a atraer a alguien que también esté pasando por depresión, pero sí atraerás a alguien que vibre dentro de parámetros similares a los tuyos. Por eso nos reconforta tanto que la gente esté pasando por casos similares al nuestro. De este modo, nos sentimos reconfortados, cálidos y seguros. Los humanos siempre intentarán buscar consuelo porque, de lo contrario, deben enfrentarse a sus demonios, y podemos decir con seguridad que no todo el mundo está preparado para hacerlo.

Cuando pasamos por momentos de desamor, nuestra energía se ve afectada, pero también crea una respuesta más fuerte si sabemos cómo ver la situación. Si alguien decide que ya no eres lo suficientemente bueno para él porque no hay pareja, entonces abraza esto agradeciendo al universo por hacerle darse cuenta cuanto antes. Porque de qué sirve estar en una relación donde los sentimientos no son recíprocos, y que inevitablemente acabará en algún momento de todas formas. Llorando por lo que podría haber sido un desperdicio de energía en el que podrías estar centrándote en volver a buscar mejores oportunidades.

Es muy importante conocer a la persona antes de decidir si está hecha para ti, y cuando me refiero a conocerla, me refiero a su pasado, a cuántas personas ha estado antes de los 20. ¿Por qué te avergonzarías de preguntar estas cosas? Es importante saber todo lo posible sobre los hábitos sexuales de la persona porque, según eso, se trata de cuánto tendrás que trabajar en la sanación y también de encontrar a alguien que se adapte a lo que tu cuerpo necesita. Si has sido promiscuo en la adolescencia, sufrirías por casarte con alguien que es muy pasivo sexualmente.

Si hay química y sientes que son tu coincidencia, conoce los hechos de antemano para entrar en la relación con ese conocimiento y poder superar cualquier complicación cuando aparezcan, porque después de terminar este libro, sabes que aparecerán. Es mejor estar consciente y preparado para ellos que quedarse cegado. Donde hay amor, todo puede sanar.

Cada persona con la que cruzamos tiene algo que enseñarnos, y nosotros tenemos algo que enseñarles a ellas. Aprender a aceptar esto y a no negarnos situaciones reales nos ahorrará mucho tiempo y problemas. Los puntos clave son el tiempo que no puedes recuperar y la vulnerabilidad que atrae negatividad, que luego tendrás que esforzarte dos veces para eliminar. Así que mirar hacia el futuro con el corazón y la mente abiertos asegurará que atraigas mejores resultados.

Las relaciones no terminan de un día para otro; se van acumulando hasta desmoronarse. En algún momento, pierdes el hilo, así que debes saber que el futuro inevitablemente será mejor que el pasado porque, a menos que cometas algún error, el universo te recompensará por tu crecimiento. Siempre di gracias por los momentos positivos y arrepiéntete de los malos, para poder liberarte de ellos y dejarlos atrás. Mucha gente está en contra del arrepentimiento, pero te garantizo que es la purga más eficaz que puedes hacer para eliminar la negatividad de tu vida, lamentando momentos que generan mala energía en tu vida.

La negatividad siempre estará acechando para encontrar la forma de entrar cuando encuentres a la persona adecuada. Es cuando toda la programación mental ayuda más, porque aprendes a ser consciente cuando los pensamientos no son tuyos o cuando tienes reacciones que no van de acuerdo con tus principios. Siempre ten el corazón abierto y toma decisiones con cariño basadas en tu instinto e intuición.

Estás destinado a ser capaz de cumplir con tus expectativas en la vida. Esto significa que aún necesitas poder cumplir tus sueños, y una buena pareja siempre apoyará tus sueños porque querrá verte feliz y realizado en tus proyectos.

La Coraza

Esta es una de las condiciones más sufridas y desconocidas del mundo hoy en día para las mujeres, que afecta a todos los hombres y a la sociedad. Un escudo o coraza es una pérdida de placer en la vida. Este tema ha ayudado a sanar muchas relaciones, y espero que también te ayude a ti. Sé que si las generaciones más jóvenes saben que pierden su oportunidad de éxito en la vida acostándose con otros, la mayoría, si no todas, tomarán medidas diferentes ante la promiscuidad que existe hoy. Algo que acecha a millones de hogares y matrimonios.

La coraza es algo que se genera dentro del cuerpo de una mujer cuando pierde puntos sensibles. Es la falta de sensibilidad. Lo llamamos escudo porque puede sentirse como un escudo de sentimientos, es decir, tienes un escudo real que cubre tu corazón y te hace sentir frío como persona. Sin los sentimientos reales de amor, te vuelves incapaz de sentir amor verdadero.

Principalmente lo conocen las mujeres porque son más vulnerables y abiertas en el momento de la intimidad, tienen un mayor riesgo de desgaste. Las mujeres que tienen un escudo siempre caen en una onda de atraer al mismo tipo de hombres, sentirse no amadas, aburrirse de alguien después de unos meses, el hombre adecuado puede cruzarse en su camino, y ella no lo verá porque no está a la altura de sus estándares sociales. Las mujeres que no tienen escudos no son superficiales; Ven a través de la cáscara física y se enamoran del alma gemela adecuada. Otro aspecto de un escudo es una mujer que tarda mucho en sentir excitación, que se encuentra con dolor durante el coito o que necesita movimientos largos y agresivos para sentir algo. La pérdida de sensibilidad es algo que crea un vacío que debe llenarse con algo más físico; normalmente es cuando las cosas externas empiezan a influir en las relaciones, como la necesidad de juguetes, de otra persona, vídeos, etc. La pérdida de sensibilidad es por cables cortados al éter, por lo que tu conexión al activar tu energía sexual tardará un poco más y estará influenciada por frecuencias negativas, por lo que no alcanzas un estado de excitación rápidamente, lo que significa que tu conexión se atasca.

Es casi como si, cuando nos despertamos, estuviéramos elevando nuestras almas al éter, y al tener una coraza, el karma que lleva ese escudo nos impide elevarnos.

El problema con la coraza es que, normalmente en las relaciones, esto no es algo conocido ni de lo que se hable. Así que hace que los maridos sientan que ya no son suficientes para excitar a su mujer, haciéndoles sentir menos como hombres y dañando su autoestima.

El sexo es un acto que se toma en un placer bidireccional; si una persona siente que hacerlo es un "trabajo" porque su pareja no siente, esto acabará provocando una distancia lenta pero constante en los encuentros sexuales, dañando toda la relación en general. Las mujeres con escudos siempre encontrarán una excusa para no tener intimidad porque la negatividad que llevan les impide mejorar creando energía positiva de la forma más fuerte.

Aquí es cuando la inteligencia juega un papel. Si eres lo suficientemente inteligente como para ver estas reacciones como una forma en la que la energía negativa te impide crecer, lucharás contra esos pensamientos y pondrás más esfuerzo en sentir placer.

Si tu forma más alta de generar energía no es ejercitarte, ¿qué energía te queda? ¿Buenos pensamientos, afirmaciones positivas y acciones? Simplemente no son suficientes para impulsarte hacia el éxito. Tu generación de energía sexual es la máxima energía que puedes crear con otra persona. Los humanos están hechos a la perfección; Cada genital funciona como una llave, hay alguien en el mundo para cada uno de nosotros, que encaja perfectamente como una llave cuando los dos cuerpos se conectan. ¿Puedes creer que hay alguien en este mundo perfectamente cortado para encajar en los anillos de tus genitales? ... Bueno, sí.

La coraza es algo que hemos demostrado que se puede tratar, tras 10 años de estudiarlo y retirarlo con energía positiva, que sí tiene el poder de eliminarlo y despertar nuevos puntos sensibles, reemplazando los que estaban cortados. No puedes reactivar puntos sensibles que han sido cortados, pero sí puedes abrir nuevos. Debe haber amor por la sanación del hombre hacia la mujer para poder reavivar el cuerpo. Aquí es donde entran en juego la paciencia, el amor y el cariño de una pareja. Cuando un hombre ama a una mujer lo suficiente como para querer que prospere, dedicará su tiempo a reabrir el canal y la sensibilidad de la mujer. Esto lleva tiempo, pero con cariño. Es la energía generada por el amor al tiempo y la dedicación la que reavivará nuevos puntos sensibles. Cuando todos los puntos de placer se despiertan, tanto en hombre como en mujer, y la química es la adecuada, sus cuerpos tendrán una reacción química y energética al estar cerca y lejos. La conexión que creas cuando ambos canales se despiertan es indescriptible. Tu cuerpo liberará líquidos a través de corrientes de placer a lo largo del día al hablar o pensar en esa persona, tal como pasa en la adolescencia. Terminas las frases del otro, sentís lo que necesita la otra persona, estás en constante conexión con su energía y ahora sus una fuente de energía que completa el círculo.

Eso es realmente lo que significa tu otra mitad; Significa la energía que unirá tu energía en un círculo infinito. Al igual que el Ying y el yang, el hombre y la mujer fueron creados para traer vida a este planeta y para crear recipientes en los que las almas crezcan y aprendan.

Desafortunadamente, las mujeres que tienen escudos tienden a cometer más errores que las que no los tienen porque no pueden ni deben confiar en su instinto, lo que las llevará a tomar decisiones erróneas. Eso hará que sean más superficiales y elijan a los hombres según las normas de la sociedad, no por su química. Durante los primeros 3 meses sienten que están enamorados y luego ese amor se confunde con la lujuria y quedan en un círculo vicioso. Las mujeres con escudos siempre tendrán dolor de cabeza o una excusa. Normalmente están pasando por sequedad y, si el caso es muy fuerte, incluso huelen a química alterada dentro del cuerpo. Tendrán más inclinaciones a ser infieles. En algunos casos, incluso se desvincula de cualquier contacto físico en las relaciones. Es lo que la mayoría de los hombres llaman "pingüinos".

Las mujeres con escudos también generan principalmente energía negativa porque la falta de sensibilidad debilita su conexión energética. Así que la energía negativa puede colarse, y esto, desafortunadamente, llena el éter con energía negativa. Por eso es tan importante que mujeres y hombres comprendan la necesidad de recuperar su sensibilidad. Creo que es mejor conocer esta información aunque le duela a algunos, para que se tome acción y se cambien vidas.

La coraza bloqueará los puntos sensibles de todo tu cuerpo, así que si hay algún acto sexual que rechazas y consideras incorrecto, esos son precisamente los que más necesitas trabajar. Por ejemplo, no querer hacer sexo oral a tu pareja = pérdida de puntos sensibles en la boca (producidos por besos de energía negativa). Hablaremos de esto más adelante. Cualquier tipo de trauma sexual que sientas que tienes por una mala experiencia será exactamente el trauma que necesitas sanar. Piénsalo así: si amas a tu pareja, no hay ningún acto sexual que no quieras experimentar con ella o el porqué lo quieres, y cualquier acto sería una sensación de placer, si todo se hace con amor.

Si esto resuena contigo o con tu pareja, el primer paso para sanar es reconocer que no cometiste estos errores conscientemente. Pero ahora que lo sabes, tienes que trabajar en ello. Este es un bloqueo que puedes tener el resto de tu vida si no trabajas en ello.

Si podemos sanar a nuestras futuras generaciones evitando que cometan los mismos errores, quizá tengamos una oportunidad de un futuro más brillante. El mundo está hecho para vivir en el placer; Es un placer estar vivo.

¿Cómo sé si tengo un escudo?

1. Tardas mucho en excitarte
2. Siempre atraes a "personas malas"
3. Te gusta la adrenalina, no la estabilidad
4. Siempre buscas algo nuevo
5. No puedes asentarte
6. Tus relaciones no duran
7. Estás atascado
8. Odias ciertos actos sexuales con tu pareja
9. No te gustan los fluidos corporales de tu pareja

Puedo recomendarte varias cosas:

1. Probablemente no sean ellos, eres tú.
2. Primero, analízate para ver en qué estado crítico está tu escudo
3. Trabaja en sanarte antes de involucrar a otra persona en tu vida
4. Quieres atraer a alguien cuando tu energía es positiva

5. Si ya estás con alguien, asegúrate de que también esté en un camino de sanación para apoyarte en el proceso. No te involucres con personas que no tienen intención de evolucionar.
6. No confundas emociones de deseo y emociones de amor
7. Tómate tu tiempo al compartir tu relación sexual con alguien; No necesitas otra decepción
8. No sueltes algo bueno porque no sientas mariposas; Recuerda, has perdido esto. Decide cuándo estás curado.
9. Entrena tu cuerpo para abrir nuevos puntos sensibles y sentir amor otra vez
10. Persevera
11. Nunca te dejes llevar por la negatividad

Si no te gusta el sexo oral, tu sensibilidad bucal desapareció. Si no te gusta que tu pareja se libere sobre tu cuerpo o cara, es una glándula que tiene el cuerpo que te hace sentir placer cuando la eyaculación está sobre el cuerpo; Probablemente también esté inactivo. Cualquier pérdida de sensibilidad es causada por La coraza.

Mensaje de Meditadores sobre mujeres con coraza:

Consecuencias que sufren todas las mujeres que tienen esta situación de la coraza. (Mujeres principalmente porque son las que más sufren por los escudos)

1 - Periódicamente, la mujer sufre de descompensación, o molestias indefinidas, o ansiedad sin saber por qué, o a veces dolores de cabeza espontáneos o molestias en su lugar donde está. No puede definir lo que tiene, y no es una enfermedad que se pueda combatir médicamente. Es que necesita un cambio de piel, necesita otro ácido corporal humano, necesita un bombeo vaginal diferente, necesita satisfacer esa adicción oculta que posee el cuerpo.

2 - Para que la mujer alcance el orgasmo, siempre debe venir de la región del clítoris. Es decir, una mujer con escudo no puede tener un orgasmo simplemente bombeando en unos segundos, así que necesita tocarse a sí misma o que la toquen el clítoris, lo que significa masturbarse o ser masturbada mientras la bombean. Para ser más claro, hace que el marido o pareja tenga que masturbarla para poder complacerla mientras simultáneamente le bombea la vagina, es antinatural.

Muchas veces, la masturbación ocurre mediante simple fricción corporal en la región del clítoris, es decir, logrando un movimiento de bombeo mientras la piel se frota contra el clítoris del otro.

La mujer con coraza pierde la condición natural para la que se concibieron las relaciones íntimas. Es similar en humanos o animales; Siempre se hace mediante simple fricción vaginal y no mediante la adición de la masturbación.

3 - Saturación periódica, a veces cada pocos años, con la persona a su lado, molestia al escucharla, por sus opiniones, por su tono de voz, saturación, una sensación de ser ordenada y no cuidada, una necesidad de distanciarse temporalmente, y esto se debe a la pérdida de valores, consecuencias de una coraza.

La coraza genera una pérdida absoluta de valores y, muchas veces, incluso de respeto, al no valorar lo que tiene a su lado.

Todos estos obstáculos, pueden superarse mediante la Energía Positiva

Meditación

La meditación, según mi grupo de 27 meditadores nómadas, normalmente no se realiza correctamente. Me han enseñado que si no le das un propósito a la meditación, estás perdiendo el tiempo. Mucha gente piensa que simplemente dejar que su mente se quede en blanco es suficiente para tener una vida más espiritual.

La realidad es que, dado que en cada momento de tu vida estás generando energía, meditar en un vacío solo crea eso, un vacío. No estás generando energía positiva o negativa, simplemente te relajas lo suficiente para que tu mente divague y se conecte con otras frecuencias. Lo que no sabías es que puede haber frecuencias que literalmente no te llevan a ninguna parte.

Mucha gente pasa horas de su vida meditando y sintiéndose bien después. Regresan de esta hermosa meditación en la que se sentían elevados y sin peso. Pasó una hora, o quizá dos, y cada vez entrenan para meditar durante más y más tiempo. No estamos hechos para vivir solo en un nivel energético; Por eso estamos en este mundo físico. A menos que seas un meditador entrenado, no deberías meditar más de 30 a 40 minutos al día, como máximo.

La vida consiste en estar en acción, generar energía; Esto significa moverse, hacer, crear, venir y salir. No puedes esperar progresar si no entras en acción. Si te quedas esperando a que el universo entregue sin que se genere energía, simplemente perderás el tiempo.

La meditación necesita tener un propósito; ¿Cuál es tu propósito antes de empezar esta meditación? Quizá al final sea una desconexión, pero si lo conviertes en un hábito, puede volverse adictivo, como cualquier otra cosa. ¿Por qué? Porque la mayoría de la gente que aún está buscando su camino a veces entra en modo de desconectarse para olvidar. Igual que un alcohólico o drogadicto hace esas adicciones negativas para olvidar sus problemas, en este ejemplo, porque, por supuesto, meditar no es nada malo. Pero el proceso se vuelve similar. Donde la gente busca meditar para olvidar sus problemas o fracasos en la vida que deben afrontar. Es más fácil desconectarse de la realidad y conectar con una realidad donde no se necesita lo físico y la energía es la principal.

No te dejes arrastrar al agujero negro de la nada. La meditación puede ser una gran herramienta para que recibas las respuestas que necesitas y el movimiento de energía que necesitas. Pero si simplemente entras con un pensamiento vacío, entonces no lo estás haciendo bien.

Algo delicado que también debes tener en cuenta es con qué conectas cuando meditas. Hay varias personas que han podido conectar con otras especies vivas, energías, y creen que están recibiendo la información correcta para luego difundirla entre sus compañeros.

No recomiendo meditar con el propósito de comunicarte con algo superior si no estás limpio y puro. Para ello, debes estar en un nivel de serenidad en tu vida. Para asegurarte de que lo que conectas es positivo. Cuando entras en una meditación con intenciones de comunicarte, te conviertes en una antena receptora, y si tu vibración no es la correcta, pueden llegar mensajes equivocados disfrazados de buenos pero con información errónea.

Una forma de saber si estás recibiendo información que proviene de una fuente de luz es muy sencilla. Cuando percibas la información, estate presente con cómo se siente tu intestino y/o estómago. Repasa la información cuando termines y observa cómo te hace sentir por dentro. ¿Está alineado con un mensaje de pureza? Un ser positivo nunca te dirá lo que tienes que hacer, ya que respeta el libre albedrío. Si recibes información que parece un poco demasiado exigente, como esa, debes hacer algo, entonces simplemente estás siendo manipulado. Repasa la información que recibiste varias veces si tienes dudas. Cuando recibes información válida de una fuente positiva, sentirás inmediatamente una sensación sagrada en tu cuerpo donde la plenitud y la seguridad se apoderan de él, sin dudas.

Así que la próxima vez que decidas que quieres meditar, empieza con una intención sencilla. Aprovecha este tiempo no tanto para estar en paz, sino para descubrir los misterios en tu mente que pueden ayudarte a alcanzar el siguiente nivel de conciencia. Da órdenes a tu mente y dirige la energía hacia tus objetivos.

Mensaje directo de mis 27 meditadores sobre la meditación:

"La mayoría de las mujeres hoy sufren un problema significativo, y se debe a esas acciones sexuales en su adolescencia, ya que perturbar el desarrollo de puntos sensibles provoca que no haya una revolución interna del amor. En otras palabras, los puntos sensibles invisibles son los que generan el enamoramiento. Así que estas mujeres asisten a seminarios porque tienen dos posibles caminos de vida: o viven con un compañero, es decir, un marido o pareja, pero él no es más que un compañero de vida—no hay amor, hay afecto, y se preocupan por él, pero no están enamoradas—o la otra forma de vida, que es en soledad. Ambas cosas pueden considerarse casi soledad. Estas mujeres necesitan encontrar el propósito de sus vidas;

Les falta amor, que es esencial para lo que fuimos creados: enamorarnos.

Asisten a seminarios para aprender a meditar o para meditar en grupo, sentirse acompañados y, al mismo tiempo, encontrar una salida. Otros viven solos, y cuando se despiertan cada mañana, no tienen ese amor a su lado para abrazar, besar y decir: "Te quiero." La frase "te quiero" no existe, así que llenan ese espacio de dos maneras: o empiezan a meditar cada mañana, o encuentran alguna tarea que hacer para distraerse.

Para quienes viven con una pareja como compañeros, aunque estén casados e incluso tengan hijos, es lo mismo: no abrazan a su marido ni le besan porque no hay amor, solo compañía. Es cuidarse mutuamente, pero la palabra "amor" está ausente, y esa mujer debe algún día encontrar una salida, un objetivo. Se puede describir como vacía. Así que intentan llenar ese vacío con meditación, con Temascales, con todos esos rituales donde se les prometen el cambio. Lo intentan todo, pero siempre acaban igual. En otras palabras, los seminarios de meditación no dan resultados. La meditación NO CONCEDE NADA; solo ayuda a limpiar la negatividad en Algunos casos, donde uno sabe meditar muy profundamente, pero la meditación no es más que una forma de llenar los vacíos de los seres humanos debido a la falta de amor en una relación o a sentimientos emocionantes, ya que son fríos. Meditar no es una pérdida de tiempo si se usa para fines específicos, pero si es para llenar un vacío, es una completa pérdida de tiempo, y es preferible que la gente encuentre un hobby o una tarea que hacer. No puedes buscar el amor cuando el molde se rompió en la adolescencia, pero no puedes decírselo porque no hay nada más feo que quitarle un juguete a un niño. La meditación es su juguete que sustituye la soledad.

La gente quiere cambio, necesita trabajar con su energía sexual, directa, sexualmente, para evitar andar con rodeos en la comprensión. Se trata de energizar a cada individuo. Las personas necesitan dar el salto, salir de la monotonía de la meditación sin utilidad real y entrar en el segmento de la Energía para sentir cambios profundos y significativos.

-27 meditadores-

Intuición

Ser ciego a tu capacidad de percibir es lo que te hace caer en una compañía o toma de decisiones equivocada. Si prestaras un poco más atención a tu intuición, te mantendrías alejado de la negatividad.

Como sabemos, la energía más fuerte que podemos absorber siempre será la sexual, porque la excitación es lo que nos hace vulnerables a la energía, así que aprender a distinguir los vídeos positivos de los negativos te ahorrará muchos problemas.

Hay dos tipos de conexiones: la que establecerás hacia un estado elevado de conciencia y una sensación intensificada, y la que hará que tu mente esté muy presente y centrada únicamente en tu estado físico.

Si usaras tu percepción en consecuencia, ni siquiera te acercarías a vídeos o personas que te hagan conectar con la negatividad porque la repelerías. Y si no lo repeles, es simplemente porque tú mismo tienes negatividad, así que se convierte en una frecuencia normal a la que estás constantemente expuesto, haciendo que lo negativo sea tu nueva normalidad y engañe tu percepción. Cuanto más contaminado estés con energía negativa, más no puedes confiar en tu instinto porque te guiará en la dirección equivocada.

Para empezar, evalúa tus niveles de energía simplemente analizando tu vida, tu progreso y tu felicidad; ¿Estás atascado?

Empieza a tomar más decisiones sobre cómo te sientes en lugar de sobre lo que crees que sientes. Presta atención a cómo reacciona tu cuerpo en general cuando estás involucrado en algo. ¿Tu cuerpo se siente relajado y tranquilo, tu estómago bien o sientes tensión?

Si eres alguien a quien le gusta ver películas para adultos, es fundamental saber con qué tipo de energía conectas al verlas. Una excitación te abrirá a recibir negatividad y otra positiva o neutral y nada en absoluto. Para empezar, los actos en un vídeo generan el mismo tipo de energía que en la vida real. Así que, si en un vídeo que ves hay agresión, conectarás con pensamientos agresivos que atraerán energía negativa. Si el vídeo es normal o suave, tendrás pensamientos suaves y, por tanto, generarás energía neutral o positiva. Realmente puedes notar si decides probarlo, analizando al día siguiente cómo fue tu día. Esto te mostrará si simplemente has desperdiciado la energía que necesitabas, has limpiado o has creado buena energía para el progreso.

Si te conectaras con la negatividad, probablemente necesitarías más porque la negatividad es adictiva. Te hará sentir que no es suficiente hasta que acabes viendo vídeos más hardcore y afectará tu vida diaria. Poco a poco te quedarás sin energía y te sentirás deprimido o vacío por dentro solo por necesitar alimentar esa necesidad de placer físico. Cada vez estarás menos conectado con tu yo energético y perderás el contacto con tu lado sensible.

Cuanto menos sensibles somos menos intuición tendremos. El método perfecto para que la negatividad gane es despojándonos de nuestra sensibilidad humana.

Si estás conectado a algo neutral, no tendrá mucho efecto en ti, simplemente será un desperdicio de energía, pero no estarás acumulando una adicción ni reacciones negativas en tu vida.

Si estás conectado a energía positiva, te sentirás cansado porque tu cuerpo limpiará la energía tóxica, pero solo para luego sentirte realizado y relajado. Te sentirás completo, concentrado y con fuerza para asumir cualquier tarea que se te presente. Te sientes seguro y optimista.

Ten cuidado con lo que expones tu mente y energía; Es tu activo más valioso. Recuerda siempre que estar excitado es lo mismo que tu antena recibiendo el flujo de energía; Es una acción maravillosa siempre que no permitas que la energía tóxica se filtre en tu canal abierto

Canal Abierto

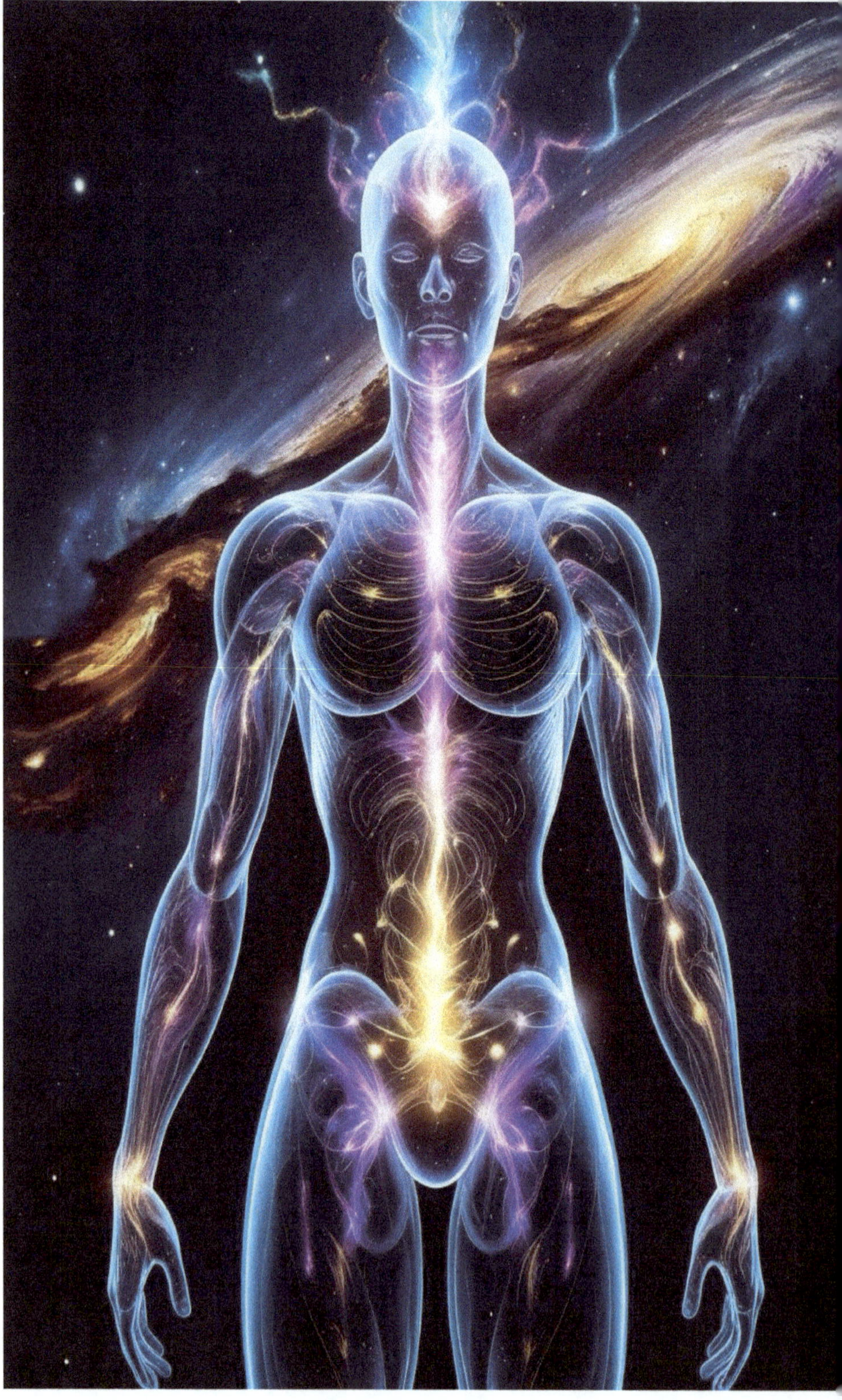

La importancia de un canal abierto define el éxito que tendrás en la vida, especialmente cuando unas tu energía con la de otra persona. Debes estar conectado, no desconectado, y la mayoría de los sistemas que se fabrican hoy son para ayudar en nuestra desconexión. Tu cuerpo es una batería que necesita energía para vivir prósperamente. Si tu canal está bloqueado, tu abundancia estará bloqueada. Si estás con una pareja, tendrá que hacer el doble de esfuerzo para equilibrar el desequilibrio de energía que fluye hacia la relación.

Hay formas físicas de saber si tu canal está bloqueado, y son muy sencillas. Si puedes tocar cada nota cantando, tu canal en la garganta está bien, no tienes que estar afinado, pero tienes que poder tener sonido en todas las frecuencias posibles. Pruébalo. Coloca un sonido para cada nota en un teclado; No importa. Buscamos sonido, no afinación. La otra parte de tu canal son tus genitales. En el caso de las mujeres, si el canal está cerrado por la raíz, tendrás dolor, molestias y sequedad. Dependiendo de la gravedad, cuanto más cerrado esté el canal. Para un hombre, es importante poder tener una erección sin problemas; Si sufres disfunción eréctil, entonces tu canal está bloqueado. Cualquiera que no sea de esos tres puntos es irrelevante porque si tu canal está herido en cualquier extremo, tienes que ir a fisioterapia, literalmente. Con esto, quiero decir que cualquier terapia que hagas fuera de intentar sanar esos puntos no tendrás mucho éxito.

Somos seres destinados a vivir en placer, no en miedo o dolor. Vete a ti mismo como algo distinto a lo que has estado viendo hasta ahora. No estás aquí solo para llenar espacio y obedecer a los demás o para regalar la mitad de tu vida por el progreso de los demás. Estás aquí por una visión mucho más grande. No dejes que nadie te engañe para que te vuelvas terrenal.

Un canal abierto significa que la abundancia fluye a través de ti, y cuando digo abundancia, no me refiero a millones de dólares. Me refiero a la realización del amor, la pasión, la salud y la riqueza en un equilibrio perfecto. Este es un canal que o bien nunca se ha cerrado o ha sanado para poder abrirse y canalizar energía en cualquier momento.

Un canal abierto significa un tubo fluorescente de luz que está en comunicación constante con el éter. La sabiduría va de la mano con un canal completamente abierto; La inteligencia también va de la mano con ella. Como individuos extremadamente inteligentes que han inventado cosas para cambiar a la humanidad. Muchas veces, están atrapados en la soledad porque no parecen encajar con el resto de la sociedad, simplemente ven las cosas de forma diferente.

Tener un canal abierto no significa que vayas a tener éxito en todo. Simplemente significa que tienes la conexión lo suficientemente fuerte como para poder descargar toda la información que necesitas, y a veces algo que no necesitas, pero que el mundo necesita. Para algunas personas que no pueden gestionar tanta información, pueden perderse en la soledad con una sobrecarga de conocimientos.

Tener tanta sabiduría puede resultar aislante, por lo que es importante encontrar un equilibrio para vivir una vida plena en todos los aspectos. Algunas de las mentes más brillantes han tenido canales abiertos, y su misión era informar a la sociedad o llevar innovaciones al mundo, pero generalmente en soledad por no ser comprendidos o sentirse que no pertenecen a la sociedad pensante común.

Trascendiendo

Lo único que necesitas saber sobre la muerte es que es solo física. Piénsalo como una serpiente que muda su piel; Perdemos la piel y, si es necesario, volvemos con otra muy parecida. La información más importante sobre la muerte es que quieres llegar ahí de la forma más positiva posible, porque la energía negativa es algo que se aferra más al alma que al cuerpo. Esto significa que cuando tu cuerpo muere, la energía negativa que guardas dentro de ti continuará con tu alma, sin permitirte trascender hacia la luz. Sí, hay una luz, el éter, de donde venimos.

Básicamente, lo más importante en la vida es progresar, crecer, ascender y salir de este lugar más sabios y brillantes que cuando llegamos. Ya sea un viaje para superarnos a nosotros mismos y a unas pocas personas a nuestro alrededor, o a millones. Cada uno de nosotros tiene un camino diferente y una historia distinta. Al envejecer sin la carga de la energía negativa, ascenderás más rápido y con más suavidad.

He tenido hasta ahora 2 experiencias cercanas a la muerte (ECM), y me encanta liberar almas atrapadas, y puedo decirte que en el momento en que salimos de esta dimensión, sentimos que flotamos, aliviados de cualquier dolor físico y en plena paz. Nuestra emoción de preocupación persiste durante unos días humanos, ya que el tiempo pasa de forma diferente cuando no te afecta la gravedad, y no hay sensación de tiempo cuando estás en el reino espiritual. Cuando mi padre falleció, se puso en contacto conmigo en cuanto entré en la casa donde él había pasado y dijo: "Se siente raro, pero ya no guardo dolor físico". No dejó de hablar conmigo durante al menos 3 meses; Me volvió un poco loca, pero con el tiempo me di cuenta de que su personalidad también se estaba desvaneciendo poco a poco. Se volvía más etéreo, más sabio y más calmado, hasta que su voz se acercó lo suficiente como para imitar la propia energía. Hasta ahora se ha vuelto más bajo y menos comunicativo, y solo se acerca cuando le llamo, pero sé que sigue ahí. Hay personas que deciden quedarse a tu lado para acompañar tu camino, antes de seguir el de ellos.

En los primeros momentos de tu partida, sentirás como si te estuvieran levantando lejos de tu cuerpo, volando hacia arriba, y tendrás millones de emociones que te invaden, principalmente el impacto del vértigo que durará segundos porque ya no estás en tu cuerpo. Cualquier cosa que te haya hecho humano empezará a mudarse poco a poco. Unas horas después, habrás sufrido una explosión de la caja de Pandora donde todo lo que creías haber hecho bien puede estar en algún lugar equivocado, verás tu personalidad desde otra perspectiva, verás a tus familiares desde otra perspectiva, sin juzgar lo que la sociedad te hizo pensar. Si hiciste algo malo con alguien, especialmente con aquellos que dependían de tu cuidado para crecer, te sentirás obligado a quedarte y ayudar hasta que esa persona vuelva a encarrilarse. Imagina tener que esperar hasta que no puedas hablar, expresarte o que te vean para finalmente tener que hacer algo al respecto.

Como no es realmente una elección, elevarse de nuevo al éter significa que debes ser puro de nuevo, así que la redención es necesaria. Si no quieres enfrentarte a tus errores en la vida física, te costará mucho más en la espiritual. Así que es mejor afrontar las cosas en este ámbito para que tu trascendencia sea perfecta.

Mentes sexuales

Millones de personas en el mundo tienen la programación mental de ver el sexo como algo pecaminoso, feo, degenerado, no puedes hablar de ello, te queda un mal sabor solo con leer esto, quizá... Todo esto se cultivó en tu mente y se extendió por tu cuerpo como tu realidad. La realidad que permitiste que otros eligieran por ti, donde renunciaste a tu libre albedrío y nunca lo recuperaste desde el momento en que fuiste comandado por esas ideologías. Si no es una semilla plantada por los padres o la misma sociedad, la otra peculiar opción es algún tipo de posesión de energía negativa que suele ocurrir en lugares negativos en espacios abiertos de la naturaleza; Normalmente es la primera.

Demasiadas mujeres ven la zona genital y ni siquiera pueden nombrarla sin sentirse avergonzadas. El lavado de cerebro sobre nuestros poderes lleva mucho tiempo oculto, así que vemos la divergencia como el problema, cuando en realidad las personas divergentes ven la realidad.

Tu energía sexual será descubierta el día que decidas dejar todo lo que sabes sobre sexo, tu cuerpo y energía, y reprogramarte con nuevas experiencias. Luchando contra el miedo, la vergüenza, la culpa y la baja autoestima. Algunas personas nunca, jamás, pondrán sexo y espiritualidad en la misma frase... Cuando en realidad es el acto más espiritual que los humanos pueden tener y estamos haciéndolo, ¡todo mal!

Libérate de cualquier idea; si aprendiste a tener sexo a través del porno, desecha esa programación dentro de tu disco rígido, borra tus códigos de programación sobre lo que crees que es el sexo, qué es un orgasmo, lo que eres y eres capaz de hacer. No habrá poder mejor que el que recibirás al sanar tu energía sexual, y solo tú te interpones en el camino de eso.

Si hay algo que te moleste de la conversación sobre sexo, busca a alguien en quien confíes a quien puedas desahogarte sin filtros. Comparte tus enseñanzas programadas, donde quizá tus padres la hicieron una palabra prohibida en casa.

Una mente sexual no es mala mente si está conectada a energía positiva. Habla de sexo, conoce tu cuerpo, cómprate un juguete, mímate como lo harías con el resto de tu cuerpo y la palabra más importante de todas: RELÁJATE. Si tienes un trauma relacionado con un tema sexual en la cabeza, necesitas romperlo, y desafortunadamente, cuanto mayor seas, más difícil será, así que más vale tarde que nunca. En lugar de reprimir y limitar la sensación de excitación, la abrazarás y la expandirás.

No te avergonzarás de sentir y aprender a prosperar con energía positiva. Así que ahora que tu mente está abierta a nueva información sobre el sexo... Aquí vamos...

...

Entra en el
Vórtice

Energía sexual

El sexo es lo que tienen los animales, algo creado por instinto. Hoy en día, los humanos se comportan como animales. Los humanos estamos destinados a "generar energía" tomando una decisión consciente y redirigiendo esa energía.

Básicamente es un acto y ritual espiritual todo en uno. Tienes meditación, flujo corporal y activación de la voz. Este es el nivel más alto de movimiento energético que un cuerpo puede alcanzar. Empieza a mirar tus genitales como si fueran motores que producen energía, los motores de la creación. Se nos ha dado un don para traer vida a este mundo y generar energía positiva que alimente al mundo. Se necesita una chispa real de energía para crear vida inteligente, y la tenemos; Tenemos control del mundo a través de nuestras acciones de energía sexual.

Cada uno tendrá un punto de vista diferente sobre qué es o significa la energía sexual. En mi vida y experiencia, es la energía más fuerte que los humanos pueden crear, explosiones de energía creadas desde nuestro cuerpo y emanadas al éter.

La energía sexual es simplemente energía, la fuerza vital que tenemos dentro, la fuerza que nos mueve. Nos encarnamos conectados al éter a través de cientos de hilos de energía, también conocidos como puntos sensibles. Nacemos siempre guiados y protegidos. Estos puntos de energía son los que se activan cuando pasamos por la pubertad, no es que no se activaran antes, sino que antes de llegar a la pubertad, nuestra energía depende completamente de la energía de nuestros padres. Si nacemos en un hogar donde el amor y la prosperidad son lo que reina, ese será el ejemplo que absorberemos como base de quiénes seremos en el futuro. Es muy delicado cuando nacemos en entornos de negatividad.

Por ejemplo, la violencia doméstica, el alcohol, las drogas y cualquier otro ejemplo que se te ocurra que genere negatividad, a veces tan simple como un divorcio mal gestionado. Hay personas que pasarán por un divorcio sin problemas y siguen siendo amigos, y hay otras que hacen que la situación sea extremadamente difícil, dejando a los niños completamente desprotegidos en cuanto a energía. Una vez que se rompe ese escudo que tus padres deberían proporcionarte mientras estás en una etapa de crecimiento, te expones a la influencia y a absorber la negatividad que te rodea. Esto marcará una diferencia absoluta en tu adolescencia porque lo que la energía negativa quiere es alejarte lo máximo posible de tu línea de vida positiva. Así que, los niños que pasan por este tipo de situaciones vulnerables en sus primeros años suelen ser aquellos que, en su adolescencia, acaban siendo muy difíciles de tratar, rebeldes y, en general, encontrando a las personas y lugares equivocados con los que juntarse.

No puedes tener sexo sin crear energía; Es físicamente imposible. La energía de tu cuerpo es movida por moléculas que luego crean endorfinas, que son las hormonas que se generan con el placer. Estas pequeñas moléculas, nacidas en la glándula pituitaria y el hipotálamo del cerebro, son los analgésicos naturales del cuerpo. Se deslizan por nuestro sistema, aferrándose a los receptores opioides en el cerebro, la médula espinal y más allá. Cuando conectan, es como accionar un interruptor: las señales de dolor se amortiguan y una oleada de alivio te invade. Pero no se trata solo de atenuar el dolor. Las endorfinas también levantan el ánimo, provocando sensaciones de euforia, como el brillo que obtienes tras una buena risa o un abrazo sincero. Por eso te sientes más ligero después de un entrenamiento o de un momento de pura alegría. Lo que es increíble es cómo su movimiento une todo. A medida que estas moléculas viajan, comunican con nuestro sistema nervioso, calmando el estrés e incluso dando un empujón a nuestro sistema inmunitario para mantenerse fuerte. Es como si tejieran una red de seguridad, ayudándonos a superar los momentos difíciles, ya sea una caminata agotadora o un día estresante. La forma en que las endorfinas y otras moléculas fluyen a través de nosotros, coordinándose con células y sistemas, se siente como una sinfonía interna, manteniéndonos equilibrados y preparados para lo que venga después. Es un recordatorio de lo maravillosamente programados que están nuestros cuerpos no solo para sobrevivir, sino para prosperar.

Los actos sexuales son la actividad física más intensa que el cuerpo humano puede realizar, y se mueven ambos en modo turbo. Así que imagina lo crucial que es mover tu energía sexual para la salud general. Pero cuando digo sexual, no me refiero necesariamente solo a actos sexuales.

Por supuesto, muchas otras actividades mueven endorfinas y moléculas. Haz ejercicio, como correr en un parque o bailar una canción favorita. Estas actividades inician una oleada de endorfinas, los alivianes naturales del dolor, que viajan por la sangre para conectar con puntos especiales del cerebro, aliviando el dolor y creando una sensación de felicidad. Al mismo tiempo, la sangre transporta sustancias importantes como azúcar y oxígeno para dar energía a los músculos y mantenerlos fuertes.

Practicar deportes, como el fútbol o la natación, hace lo mismo. Como el corazón late rápido, envía endorfinas para levantar nuestro ánimo y reducir los dolores, además de transferir nutrientes para ayudar a los músculos a trabajar y sanar. Incluso reír, como durante un juego divertido o un momento divertido con amigos, libera endorfinas, y la sangre esparce estas y otras ayudas para despejar la mente y aumentar la felicidad. Incluso un simple abrazo ayuda. Estos momentos encienden endorfinas para sentirnos tranquilos y cercanos a los demás, mientras que la sangre mueve ayudantes que reducen el estrés y apoyan nuestra salud. Desde ejercicio hasta momentos de alegría, cada actividad crea un flujo de estos pequeños ayudantes, manteniendo nuestros cuerpos fuertes, llenos de energía y listos para brillar, un recordatorio de lo increíbles que son nuestros sistemas.

Me centro en la energía sexual como prioridad porque, en mis 17 años de experiencia en este tema, he demostrado que es la forma más rápida para que las personas liberen traumas y sanen el cuerpo desde su esencia, especialmente si esos traumas provienen de experiencias sexuales pasadas. Algunas personas piensan que la energía más fuerte que crea el cuerpo es con la mente, y eso simplemente no es cierto. Tu mente es la que dirige la energía que crea tu cuerpo; Es el centro de mando. No creas vida con tus pensamientos; Los creas con tus genitales, y si tu núcleo está roto, tu energía no fluirá correctamente y tu abundancia también se romperá.

La energía sexual es lo que ha hecho que la sociedad pierda el rumbo, así que aprender a mover esa energía en consecuencia nos guiará hacia una vida o "energía social", que es lo que los humanos necesitamos crear a diario para un mundo armonioso, y créeme, no hay nada sexual en ello. Pero, desafortunadamente, no podemos alcanzar la energía social sin antes arreglar la retorcida generación de energía sexual que hay entre nosotros.

s.

Nuestro Conducto

Nuestro canal de energía física comienza en la boca y viaja por la médula espinal hacia los genitales, distribuyéndose por todo su entorno. Este es el flujo de energía dentro del cuerpo humano. Es importante tenerla lo más abierta posible para que la energía fluya libremente las 24 horas del día, los 7 días de la semana. Cuando digo libremente, me refiero a que sin que siquiera lo pienses, el reino espiritual determinará cuándo necesitas canalizar energía o no si estás sintonizado. Cuando necesitas protección, consuelo, tranquilidad o sanación. Si nuestro cuerpo está abierto, funcionará por sí solo sin que nuestro nivel consciente lo ordene, porque tiene mente propia.

Imagina que miras la Tierra y ves a todos los humanos en ella, pero los ves como tubos de luz, aunque algunas bombillas están tan sucias que son muy tenues y realmente no puedes verlas. Luego están los que son muy oscuros y los que están perfectamente iluminados y limpios. Somos haces de luz conectados al éter.

Las personas que saben cantar, no necesariamente afinadas, tienen su lado vocal muy abierto; Los sonidos hermosos provienen de una conexión hermosa, no forzados, solo fluyen. O una persona que habla, y no puedes dejar de escuchar, y te sientes reconfortado por su voz. Quienes son extremadamente sensibles en todo el cuerpo y están enamorados tienen su núcleo de energía sexual y creativa muy activa, y su canal inferior normalmente esta abierto. Esto significa alguien que siente su excitación natural diaria igual que cuando eran virgen.

Cuando el conducto del canal femenino está abierto, en realidad tiene la capacidad de abrirse y cerrarse tan apretado como ella quiera, desde la garganta para cantar o desde las paredes yoni para liberar energía cuando sea necesario. La elasticidad significa salud en todos los niveles. Donde no hay traumas, ni dolor, ni energías negativas, así que no debería haber enfermedades provenientes de esta zona.

El hombre, es la antena que canaliza la energía, y la mujer es el receptor que duplica la energía y la distribuye, amplificándola. Así que es responsabilidad de la mujer asegurarse de que el hombre sienta amor para que siempre pueda canalizar energía positiva hacia ella y su familia. El hombre sentirá lo que la mujer le hace sentir. Mientras haya amor y cuidado involucrados, cualquiera puede canalizar energía positiva incluso si no está en una relación. No será tan fuerte como canalizar con el amor de tu vida, pero seguirá siendo energía positiva; Todo es cuestión de intención. ¿Qué tan puras son las intenciones de este ritual que vas a realizar? ¿Lo haces para satisfacer tus necesidades carnales, o para canalizar energía, autoayuda, ayuda mutua y progreso?

El tamaño de tu canal depende de cuánto hayas trabajado en él y, en algunos casos, como el mío y muchos otros en el mundo, cuando trabajas en expandir tu canal y naces con una misión de trabajo energético, este canal será un regalo de canalizar energía para que otros reciban.

La Garganta

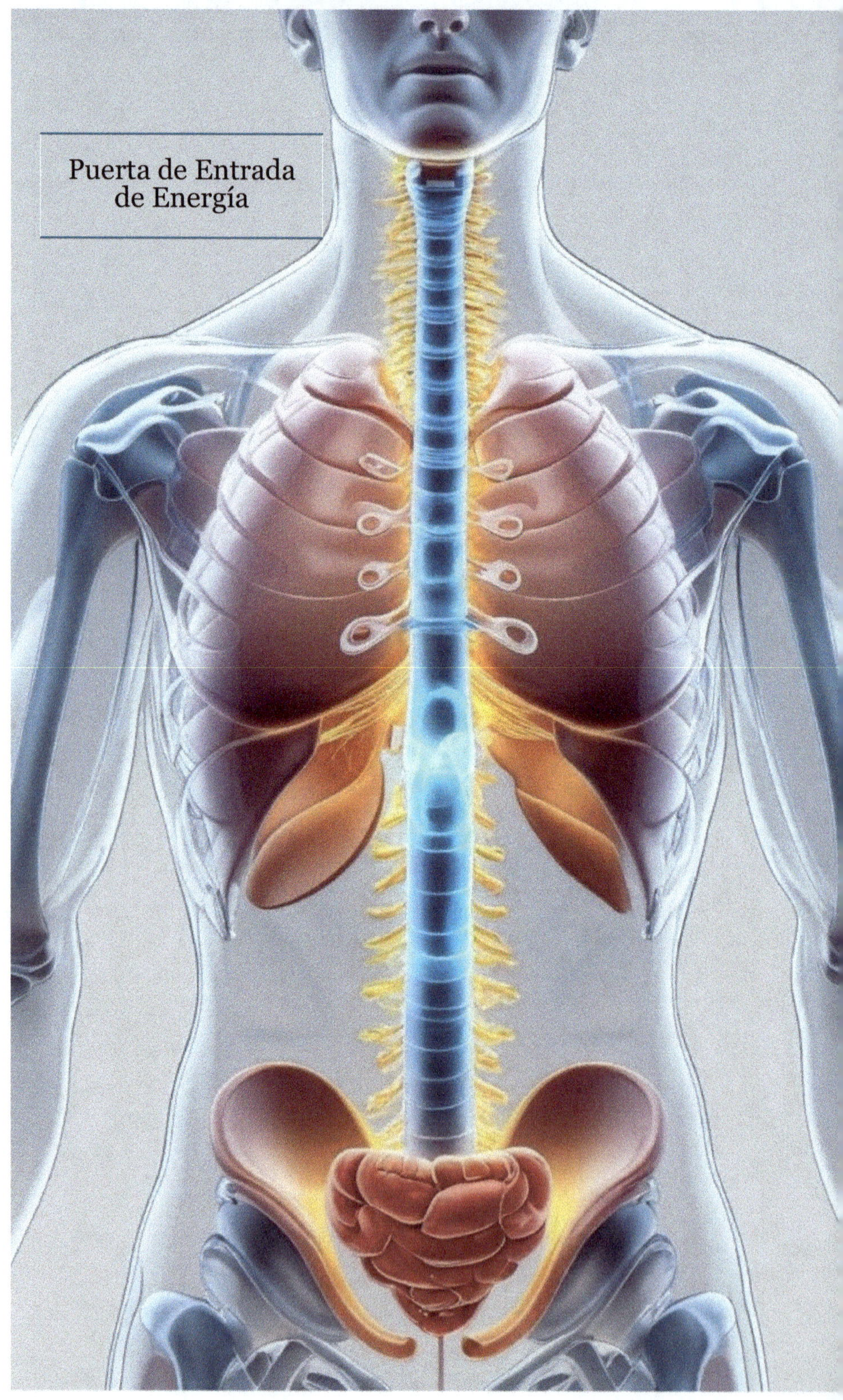
Puerta de Entrada de Energía

La garganta es algo a lo que realmente no prestamos mucha atención. Está ahí, punto. Al albergar cientos de zonas sensibles, es el final de nuestro canal donde expulsamos. La parte superior del cuerpo es hogar de todas las emociones abrumadoras que decidimos aferrarnos y no liberar. Las palabras que nunca has pronunciado, los sentimientos que nunca has mostrado. Hasta que un día dices suficiente de estas tonterías y empiezas a decir lo que piensas.

Mira la garganta de forma puramente anatómica y la vagina de la misma manera; Realmente hay poca diferencia en la estructura. Los mismos aros en ambos lados; Puedes sentir un poco en la parte superior de la boca con la lengua. Las líneas que sientes en el paladar son rugas palatales. Son crestas o pliegues de membranas mucosas en el paladar duro, la parte delantera ósea del paladar de la boca. Varían en número y patrón entre individuos y pueden parecer líneas o arrugas definidas cuando las tocas con la lengua. El rugue ayuda a agarrar y manipular la comida durante la masticación y también puede influir en el habla y sensación.

El inicio de nuestro canal está en el cuello uterino, que también consiste en tener mucosas, ambas para diferentes usos, pero ambas con el objetivo de sensación.

La lengua, las mejillas y los labios necesitan ser una oleada de excitación por todo el cuerpo. Si no es así y no te excitas solo besando, entonces tienes puntos sensibles dormidos y necesitas activar nuevos. ¿Recuerdas tu primer beso? Besar es una acción mucho más íntima que cualquier otra cosa, y hay que prestarle más atención.

Cuanta más excitación y energía pase por el canal, más energía llegará a la garganta, expandiendo la energía a través del sonido. Así como es cierto que los ojos son una ventana al alma, también es cierto que la voz es una esencia de nuestra alma cuando se pronuncia, por lo que nuestra voz debe tener poder.

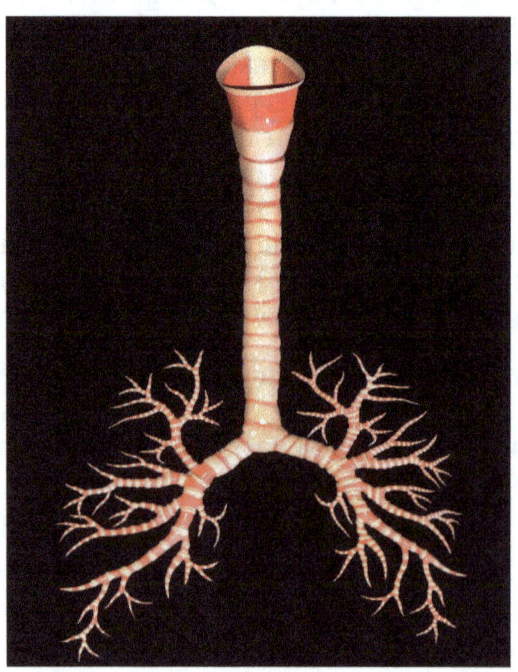

Yoni

Yoni es la palabra dicha a la vagina en el vocabulario tántrico. Dicen que tu cara es tan hermosa como tu yoni en las mujeres. La flexibilidad de nuestros anillos pélvicos es muy importante para mantener un cuerpo sano. Las mujeres las tienen dentro de su yoni, y los hombres las tienen alrededor de su lingam. Puede que no seas del todo consciente de ellos, pero contienen miles de puntos sensibles porque son los propulsores de tu motor. Estos anillos necesitan ser estimulados para mantenerse sanos y elásticos. Cada anillo contiene varios puntos sensibles que cuando los descansan y se contraen, se aprietan, pero cuando los anillos se alargan o extienden, estos puntos se alinean entre sí creando una línea hacia la parte exterior de la piel y crean como succiones de pulsaciones energéticas similares a un brazo de pulpo. Cuando todos funcionan correctamente, el momento instantáneo de la

penetración es una sensación orgásmica. Si no es así, no te preocupes, todo es reversible con paciencia, entrenamiento y energía positiva; Solo hace falta tiempo.

Cuando una mujer tiene un sistema reproductor sano que funciona plenamente con su lubricación constante y una sensación de excitación extremadamente alta, la acción de dar a luz cambia por completo. Puedes pasar de tener una experiencia traumática y dolorosa a una en la que puedes aprender a alcanzar un nivel de elasticidad indoloro. Recuerda, así como puedes controlar tu garganta, también podrías controlar las paredes pélvicas. No hay acto más placentero en el mundo que dar vida... ¿Entonces por qué tiene que ser doloroso? Creo que simplemente no tenemos conocimiento de quiénes somos realmente o de lo que somos capaces. Como si alguien acabara de borrar nuestra verdad, llenarla de información absurda y habernos visto deteriorarnos con el tiempo mientras mantenía a un paciente enfermo del que podía ganar dinero y mantener una economía en movimiento. Estamos destinados a vivir en un mundo de placer, sin enfermedades, sin parto asistido, sin dolor, sin problemas. Cada vez que un humano interviene en un cuerpo, es una cicatriz interna de la que recuperarse debido a la cantidad de puntos sensibles dañados en el momento de la intervención, zonas que los médicos no ven y a la ciencia no le importa reconocer.

Cuanto más contraído y expandido está el yoni, más espacio para el placer. Si en algún momento hay molestias, entonces harás ejercicios adicionales.

Encuentra el punto que duele y trabaja en ello centrándote más en la excitación para cubrir el dolor y liberar cualquier tensión asociada a él a través del orgasmo, y libera el trauma reemplazándolo conscientemente por placer. Esto es algo que tanto hombres como mujeres deben aprender, porque si eres hombre y te enamoras de una mujer herida, será tu tarea ayudarla a sanar para que vuestra relación prospere. Una mano entera debería caber en el yoni, incluso dos, y no debería haber dolor.

Ahora hay mujeres que están muy estiradas pero también flácidas. Esto se debe a momentos de penetración cuando el hombre está demasiado rígido y el yoni no fue lubricado lo suficiente, lo que provoca desgarros desde la entrada hasta el interior. Estos son actos de energía negativa, así que cualquier acción agresiva que literalmente rasgue a la yoni femenina con fuerza provocará flacidez y pérdida de sensibilidad a largo plazo, donde si esta mujer no tiene un hombre con un lingam o pene muy grande, no sentirá placer y perderá la capacidad de apretar y abrirse según sea necesario. Estos casos son un poco más difíciles de sanar si hay demasiada tensión y dolor, porque son ejercicios inversos donde se debe ejercitar para volver a tensar y elastizar la zona pélvica.

En cualquier caso, con el tiempo, si no es que ya lo haga, los muros yoni deben sentirse como nubes. Son las nubes las que te llevan al cielo, el camino hacia el alma, por cursi que suene.

Cuando el yoni está sano, se siente muy lubricado y hay una sensación constante de placer. El truco es empezar la actividad muy suavemente, luego de forma suave pero más profunda, y cuando llegues a la parte sensible, aquí es donde traerás conciencia a tus muros y relacionarás la sensibilidad que sientes con la que tu mente puede conectar. Recuerda, estás ejercitando tu vibración energética. Cuanto más ejercicios, más rápido aprenderán los yoni a estirarse y tensarse por sí mismos y a liberar poco a poco los nudos, traumas o tensiones que puedas tener. El punto al que quieres llegar es abrazar esa sensibilidad para poder sentir más placer durante más tiempo, y simplemente acostumbrar tu cuerpo a la sensación de la sensibilidad para que se te familiarice más y dejes de sentirte sensible, sino que siempre te sientas placentera.

Un yoni acostumbrado a comportamientos agresivos necesitará rudeza para sentir placer; Esto, lamentablemente, generará negatividad, así que si quiere una vida abundante, necesita incluir enseñanzas tántricas en su vida, aprender a sentir de nuevo y abrir de nuevo su sensibilidad.

Solo tienes que estar vigilante. Sé tu propio examinador primero. Siente tu cuerpo, cada rincón, estúdialo y percíbelo. Donde hay dolor, hay obstrucción. Encuéntralo, sácalo. Es muy sencillo, pero lleva tiempo.

El yoni es igual que tu garganta; Deberías poder abrirlo y cerrarlo según lo necesites. Cuando lo necesitas, trabajas con la memoria muscular y la memoria de tejidos, así que cuanto más practiques tu elasticidad, más recordará tu cuerpo ir allí sin esfuerzo. Lo mismo ocurre con todas las demás partes de tu cuerpo, somos seres regenerativos.

El momento en que el cuerpo puede hacer esto es en la pubertad. Solo un beso o la mera entrada de la penetración debería sentirse como un orgasmo; Esa es la fuerza del placer que debe tener una mujer, así que imagina tener un orgasmo constante.

Algunos ejercicios genitales para asegurarse de que la Yoni funcione correctamente se hacen con las manos. El hombre debe asumir la responsabilidad de mantener esta zona funcionando correctamente. Masaje suave en el clítoris, que es la parte inferior donde acaban todos los nervios en el yoni y puntos de energía. Así que estimular el clítoris crea un efecto de onda que envía electricidad hacia las paredes yoni, permitiéndote relajarte un poco más cada vez.

Esta electricidad la siente claramente el hombre como olas o corrientes de placer. Por eso, a los hombres les encanta escuchar y sentir a la mujer sentir placer; La energía que liberan aumenta su energía. Una vez que hay una relajación, el hombre debe practicar abrir las paredes yoni con los dedos, de uno a eventualmente la mano y puño completos, y así sucesivamente. Esto, para la mayoría de la gente, llevará tiempo, e incluso puede ser doloroso para algunos, pero hay que soportarlo. Cada persona está en una etapa diferente respecto a su sexualidad. Nunca empujes, siempre pulsa. Cuando hay dolor, debes tocar el clítoris; De este modo, distraerá la mente del dolor y se centrará en el placer. El objetivo es desbloquear estos bloqueos. Cada zona donde hay dolor en el yoni es una parte que hay que trabajar para curar. Nuestra zona pélvica soporta toda la tensión y el trauma de nuestro cuerpo, porque todo pasa por ahí. Sin embargo, la sociedad ha avergonzado tanto todo lo sexual que hemos olvidado lo que se siente al ser mujer.

Los nódulos o nudos son algo que se crea en las paredes del yoni; Estos son los que se sienten como una sensación áspera, donde la piel no es tan suave, son traumas, negatividades, emociones atrapadas. La misma tensión que puedes mantener en los hombros es algo que puedes llevar a cualquier otra parte del cuerpo y especialmente en la zona pélvica. Si se presta tanta atención a la cara y la espalda con los masajes, ¿por qué la pelvis y el yoni serían diferentes? Nuestro cuerpo está completamente conectado, y no hay ningún área que deba quedar sin palabras ni alcanzado. Por eso una zona pélvica bien cuidada significa una vida saludable. Te liberas y te liberas de toda tensión desde la raíz. Devolvamos el placer a la sociedad, donde la naturaleza y el parto orgásmico son una necesidad. Vamos a dar nueva vida a un mundo de placer, no de dolor.

Lo que quieres hacer dentro de un ejercicio, el seguimiento, es encontrar tu "ritmo". Depende de en qué nivel de excitación estés. Por ejemplo, cuando empieces a sentir excitación, asegúrate de retenerla, obsérvala y, hagas lo que hagas, no forces un orgasmo. Al contrario, piensa en ampliar tu excitación tanto como sea posible. Para esto, detendrás tus movimientos cuando estés al borde de la liberación. Un yoni completamente sano no necesita manipulación del clítoris. El clítoris debe verse como un botón en la tapa de una olla a presión; cuando hay demasiada energía almacenada en la vulva, se crea sensibilidad y presión para liberar, así que al presionar o masajear suavemente el clítoris, liberas la presión extra que tu cuerpo no puede soportar. La verdad es que cuanto más abierto estés, más energía podrás retener o almacenar sin la sensación de sensibilidad y necesidad de liberar. De hecho, la sensibilidad se convierte en un placer constante y ya no sentirás la necesidad de tocar el clítoris tan a menudo.

No te vuelvas dependiente del clítoris. Esto es lo peor que podrías hacer porque estás paralizando tu cuerpo al ajustarlo para que solo sienta placer al tocar el clítoris. Las mujeres que suelen hacer esto lo hacen por la incomodidad o el dolor, así que sustituyen esa sensación por la sensación del clítoris. Pero si esto se convierte en una forma completamente nueva de placer, dejará fuera la importancia del placer que deberías sentir solo con la penetración. Usa el clítoris como un botón mágico, donde solo lo usas cuando sea necesario para liberar tensión, dolor o sensibilidad, y úsalo para impulsar tu excitación pero con control. Por ejemplo, si estás en una condición saludable, querrás usar el clítoris con suavidad, y cuando sientas que alcanzas una nueva sensibilidad que no puedes manejar, ahí es donde lo usarías, sin llegar a un orgasmo forzado.

Cuando te adaptas para parar justo antes de liberarte, y si prestas mucha atención, sentirás una oleada que va desde tu cóccix a través de tu yoni y hacia fuera. Esta ola de calor y energía es lo que lubricará y expandirá tu yoni para ser penetrado más profundo, así que ahora alcanzas una frecuencia completamente nueva y el placer debería sentirse diferente.

Cada relajación de tu pelvis es el siguiente paso hacia una nueva oleada de energía. Cuando fuerzas un orgasmo, limitas el crecimiento potencial de la expansión de tu energía, porque al enseñarle que ese es el máximo que puedes soportar antes de que explote, le estás restringiendo su nivel de expansión.

Cuando aprendes a no liberar esa onda de energía, entrenas a tu cuerpo para exhalarla a través de tu canal completo desde los genitales hasta la boca. Una boca abierta y exhalaciones profundas deberían ser naturales en esta etapa y, si no, intenta implementarlo de todas formas para ayudarte a conseguirlo. El sonido es el bajo de la energía, así que cualquier sonido que liberes a través de esta actividad es una ampliación de la energía que se libera al éter.

El Yoni tiene mente propia, y si eres un hombre, necesitas aprender a escucharlo, sentirlo, percibirlo, conectar y comunicarte con él. Los hombres nunca deberían imponerse donde no están invitados, así que incluso si estás en una situación de intimidad, cuando el yoni no está preparado, simplemente no lo está, y necesitas prepararlo para la dilatación. Presta atención a cómo empieza a fluir la sangre y cómo el clítoris se llena a medida que se produce la excitación. Cuando estés listo para cualquier tipo de penetración, ya sea la mano o el lingam, presta atención a cómo se siente el yoni y hazlo provocar. El provocarlo suavemente siempre permitirá expandirse más rápido.

Cuando hagas ejercicios de elasticidad con las manos en pareja, es cuando aprenderás a sentir aún más el yoni y sus reacciones, lo cual es una forma perfecta de conocer a tu pareja y sus límites y ver el progreso a medida que avanzas. Verás que el yoni pide más al apretar y cerrar, lo que normalmente significa que necesita más fricción y más profundidad. Si sientes que estás presionando en cualquier momento, estás forzando la situación, y lo que buscamos es que las manos se absorban en lugar de forzarse. Presta atención a los movimientos y reacciones del cuerpo para saber qué es lo que te gusta y no tengas miedo de preguntar; La comunicación es clave.

La sociedad ha revertido completamente el uso de lo que debería ser el sexo al hacernos insensibles, con rapidites y superficiales, convirtiéndolo todo en torno a alcanzar el orgasmo. Cuando la verdad es que nunca ha sido por el orgasmo porque se supone que debemos vivir en un nivel constante de orgasmo, no solo sentirlo durante segundos. Estamos destinados a vivir conectados a un placer constante de vivir, y la mayor parte del mundo está conectada al sexo carnal, el miedo, la vergüenza y el odio.

La elasticidad es algo que perdemos, así que trabajar en esto desde que termina la pubertad y más allá es muy necesario para mantener un cuerpo sano, y como adulto, en cualquier momento, desde una vez al mes se recomienda mantener su elasticidad intacta. Si eres alguien que necesita recuperarse de mucho dolor o rigidez, llevará tiempo. Cada día trabajarás un poco más, te permitirás descansar entre medias y continuarás. La constancia es clave. Como si entrenaras en el gimnasio, aquí estás entrenando tus paredes internas de yoni y tu salud general. Una vez que alcances un yoni elástico completo, no solo vivirás en placer constante, sino que también notarás una cantidad increíble de cambios en tu vida. ¿Cuánto tiempo? Todo depende de cuánto trauma hayas guardado.

¿Puedes distinguir cuál es la garganta y cuál es el yoni?

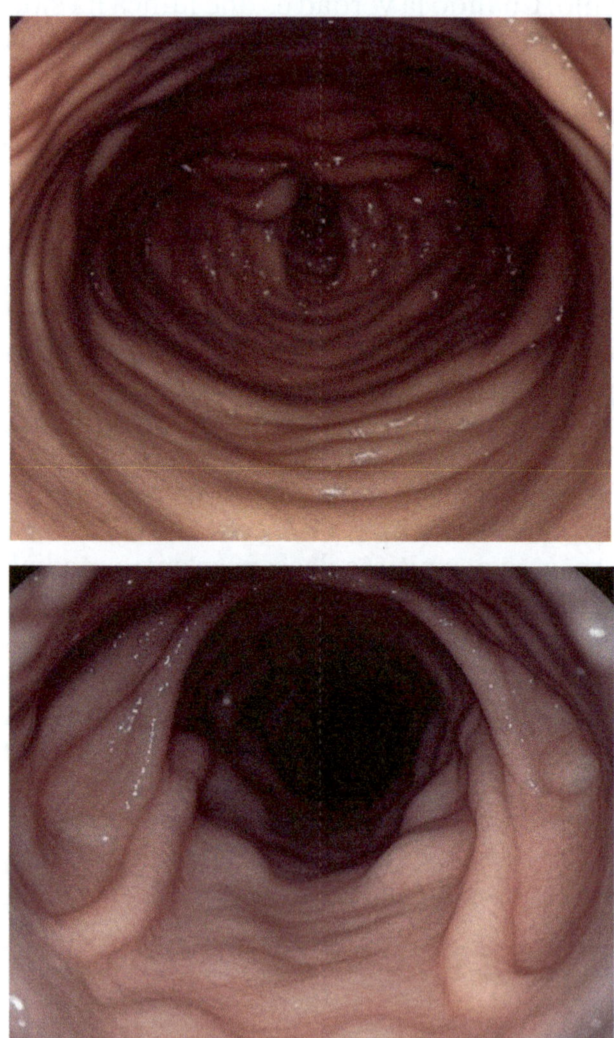

EJERCICIO PARA ESTIRAMIENTOS FEMENINOS

Te recomiendo que estires el cuerpo antes de empezar. Yoga estiramientos básicos para glúteos, pelvis, piernas, espalda y cuello. Encuentra tus favoritos. 5, 10 minutos de estiramiento.

El mejor ejercicio para curar a la mujer y restablecer su estado de placer sexual es estirar los anillos, las paredes yoni, con juguetes, pepinos o, mejor aún, las manos de la pareja. Las manos son una herramienta perfecta porque pueden abrirse; Deberías practicar esto tan a menudo como puedas, a diario si puedes, si quieres ver resultados y rápido. El momento en que sabrás que has terminado y solo necesitas mantenimiento es cuando todo te resulta placentero. Sin dolor, sin molestias.

La pareja masculina usará ambas manos en posición de oración. Empezando por una estimulación suave del clítoris, para ayudar a relajar la zona, masajear el pecho y luego la espalda al clítoris, la idea es activar todo el cuerpo. Consigue mucho aceite natural. Me gusta mezclar aceite de coco y ricino. No uses productos químicos; Usa la naturaleza. El hombre necesita aprender a percibir a la mujer; El cuerpo te hablará, expresando lo que está listo para hacer. Cuando notes que el clítoris se llena un poco y sientes un poco de excitación, entrarás con un dedo, moviéndote de forma constante pero suave. El yoni te avisará cuando esté lo suficientemente dilatado para absorber más; Piénsalo como un ser vivo. El yoni se contraerán y apretarán además de aflojar. Cuando sientes que está tenso pero con un poco más de espacio, es cuando es hora de meter otro dedo. La conexión lo es todo; Tienes que conectar realmente con lo que te pide. Esto es algo que debe hacerse despacio y siempre teniendo en cuenta que hay que tener la excitación presente. La excitación es lo mismo que la dilatación.

Cuantos más dedos entren, más excitada deberías estar, pero no se debe forzar, solo pulsaciones lentas hasta que te invite. Si tienes que empujar, lo estás forzando. Si hay molestia, es cuando trabajas en ella para liberar el trauma y continuar otro día. Nunca avances más allá si no puedes liberar el dolor, que será tu tarea en ese ejercicio, liberar ese trauma, y así sucesivamente. Con este ejercicio, te centrarás en abrir el canal estirándolo. Es muy importante respirar profunda y conscientemente. Intenta relajar las articulaciones y los músculos de la zona pélvica; Cuanto más relajado, más abiertos estarán las caderas y el pelvis.

¿Qué sientes? Necesito que seas consciente de cosas como: ¿sientes dolor en algún sitio?

¿Sientes que te pellizca en algún sitio? ¿Está seco o irritado? Empieza a hacer una lista de todas tus emociones la primera vez, para que puedas concienciarlas. Normalmente, si tienes cualquier tipo de molestia, te sentirás muy irritado por la molestia; puede ser tan fuerte que puede quitar cualquier placer. En lugar de centrarte en lo que te siente bien, te empujan inmediatamente hacia el dolor o la incomodidad. Es importante tener paciencia en ambos lados. El trauma no se libera en una sola sesión, y esto, por supuesto, será más efectivo si se hace con una persona que se preocupa por ti, así que la energía influye en la sanación. Sin embargo, si decides continuar, debes hacerlo con la intención de sanar, tanto al facilitador como al receptor. El facilitador debe entender que está haciendo un servicio y un ejercicio.

Porque el dolor es trauma, también es energía negativa. La negatividad siempre tendrá resistencia a tu sanación, frustrándote, haciéndote sentir peor, pero como ya lo sabemos y somos seres inteligentes, nuestra inteligencia superará cualquier bloqueo actual. Si ya sabes que, cuando tienes una incomodidad en el momento de generar energía sexual, esa incomodidad es un bloqueo negativo, así que ve en contra de su voluntad de dolor y controla el dolor hasta que deje de existir, sustituye el dolor por placer por pensamientos puros. Tú decides qué forma parte de tu cuerpo; El dolor y el miedo no deberían formar parte de tu cuerpo. Además, ten en cuenta que no todos los días son iguales, ni tu cuerpo está a la misma disposición.

Si quieres mayor placer, orgasmos más altos, los genitales femeninos tienen que sanar y funcionar según lo que la naturaleza quiso.

Los masajes yoni son fuertes y a veces dolorosos, pero si perseveras, alcanzarás niveles de placer que nunca habías imaginado.

Pasarás de placer a dolor, a incomodidad, ardor, entumecimiento, sanación, descanso, recuperación y más placer otra vez.

Cuanto más elástico sea el conducto, mejor será el rendimiento energético; cuando se abre, es como una flor que florece y libera sus colores, llamando a las abejas"

Progreso femenino (Expresa todo lo que sientes y cómo se está liberando)

Semana uno

Semana dos

Semana tres

El dolor es algo a lo que la gente se acostumbra tanto que llega al punto de olvidar lo que el placer significó alguna vez. No estás destinado a sentir dolor ni miedo; Estás destinado a vivir en el placer.

Practica tu ejercicio y ve hasta dónde puedes llegar. Recuerda, cuanto más elástico, mejor es el canal. Tener control sobre nuestra elasticidad es controlar nuestra energía creativa. Podemos cerrar el grifo o abrirlo cuando quieras. Cada vez que practiques esto, deberías notar mejor elasticidad, sin más molestias, más concentrado y, una vez que esté curado, tu mantenimiento será ligero y placentero.

Haciendo que el yoni sea elástico y fortaleciendo los músculos para que se abra y cierre fácilmente con fluidez y sin dolor, esta acción mantendrá el canal yoni y el útero libres de pólipos. Por eso, estos ejercicios te mantendrán alejado de la cama del hospital y de la medicación del médico si se tratan de forma responsable y constante.

El canal yoni debe mantenerse; Si no se usa, está cerrado, es como una manguera de tela, se aplana juntamente, las paredes se tocan y crean contaminación, manteniendo partículas que acaban germinando en virus o infecciones.

Otra cosa que hay que abordar es el progreso de tus fluidos. Es normal tener secreción porque tu cuerpo se está limpiando constantemente, además es tu fluido energético. Intenta dejar de usar productos tóxicos, cualquier producto que no sea natural y que tenga aromas o químicos que absorbes directamente en una de las zonas más sensibles de tu cuerpo, afectando directamente a tus hormonas. Cualquier producto que afecte a las zonas linfáticas, como tu desodorante, lociones corporales, tampones, compresas, esto no debe penetrar en tu piel. Si sufres algo parecido a sequedad, te recomendaría mucho usar un pepino con cortes pequeños y bañarlo con aceite de ricino. Según mi testimonio personal sobre esto, hemos demostrado que los jugos del pepino son extremadamente beneficiosos para la hidratación de las paredes de los yoni a recomendación de mi equipo y nuestro medico..

Cuando el cuerpo no produce líquidos, que en algunos casos es igual que la energía, es señal de que algo no funciona correctamente. Empezar por la parte física, que es directamente los ejercicios, con el tiempo también empezará a equilibrar esto.

Lingam

El lingam (pene) masculino es la antena de la energía, y el hombre no tiene absolutamente ningún control sobre ella; Solo puede controlar sus pensamientos, y estos se erigirán según la energía que los llene. Los genitales funcionan al 100% con energía. Cada lingam es la clave de una frecuencia y existencia diferentes. El símbolo del lingam solía verse como un símbolo de buena suerte, ya que representa la fertilidad y la vida. Con la sociedad cambiando su conocimiento e información a ocultarlos, ahora se ve como una perversión, todo lo contrario de lo que realmente significa, porque la gente empezó a canalizar energía negativa en lugar de positiva. Los clubes de striptease y burdeles son comunes, pero los espacios de salud sexual o tántricos son raros y limitados.

El lingam tiene muchas identificaciones energéticas en lo que respecta a las erecciones, así que puedes identificar si estás canalizando energía positiva o negativa. Para empezar, entiende que en un encuentro, la mujer es quien incentiva al hombre con la energía con la que se va a conectar, a menos que ya tenga intención con la mujer de acostarse con ella a solas, entonces será negativo por naturaleza. Si la mujer se conecta con la negatividad, entonces hará que el hombre canalice negatividad; Si es cariñosa y cariñosa, hará que el hombre conecte con la positividad. Por ello, hoy en día las mujeres son atacadas por energía negativa para impedir que el hombre canalice energía positiva. Las mujeres de hoy en día se han vuelto abiertamente sexuales.

El lingam debe acariciarse lenta, con suavidad, con amor, pasión y suavidad, para que durante la práctica del masaje pueda empezar a canalizar energía positiva para que la mujer la reciba. Al igual que en la vida, las cosas fáciles vienen acompañadas de negatividad, y la positividad requiere más esfuerzo; Aquí es igual. La energía negativa siempre estará cerca intentando que te conectes con ella, así que antes de pasar al impulso físico, debes relajarte, calmarte, seguir adelante y centrarte en canalizar energía positiva, que es una sensación más conectada de excitación y un estado no físico elevado. Si estás en una relación amorosa, los momentos de pasión no necesitan ser controlados; Sin duda estarás creando energía positiva sin agresión. No confundas la pasión con la agresividad. Uno se llena de amor; El otro está lleno de lujuria y es catártico.

Cada anillo en el lingam masculino es, como en el caso de una mujer, un anillo de puntos sensibles y corrientes eléctricas. Así que, cuanto más consciente sea el hombre de la sensibilidad de su lingam, más placer sentirá. El lingam también puede sufrir pérdida de sensibilidad si se usa de forma muy agresiva durante un largo periodo de tiempo. El lingam masculino no debe estirarse por encima de su límite normal, ya que obliga a los puntos sensibles a estar en una posición extrema de estiramiento, lo que solo ocurre cuando el hombre está a punto de liberarse ante la mujer, o en momentos de pulsación, de congestión y liberación. Estos momentos los creó para que solo se tengan cuando tanto mujer como hombre quieren concebir.

Cuando un hombre tiene una erección instantánea y muy rígida hacia alguien, es porque está canalizando energía negativa. La posición del lingam en una erección y la energía a la que está conectado son las siguientes:

1. El lingam colocado HACIA ABAJO es increíblemente positivo.
2. El lingam posicionado RECTO es positivo.
3. El lingam colocado HACIA ARRIBA A LA DERECHA es negativo.
4. El lingam colocado ARRIBA IZQUIERDA es negativo.
5. El lingam colocado HACIA arriba es demasiado agresivo y muy negativo.

Estas son visiones físicas de cómo se presenta la energía en un hombre.

Así que básicamente, arriba a cualquiera de los lados es negativo, abajo o recto en cualquier dirección es positivo.

Si el hombre ha sufrido una juventud agresiva y de alguna manera ha dañado al lingam con estas acciones, en algunos casos sufrirá lo que se conoce como enfermedad de Peyronie, que es un trauma en el lingam. En este caso, es difícil saber si están canalizando energía negativa o positiva, pero está demostrado que en algún momento fueron agresivos, así que es importante entrenar al hombre para que no se vuelva rígido y aprender a sentir a través de la suavidad y el amor de nuevo. El puesto permanecerá, pero la energía cambiará.

Si eres un hombre y piensas, "el mío sube y no pienso agresivamente." No tienes que pensar ni actuar de forma agresiva porque, recuerda, canalizas involuntariamente y no tienes control sobre ello. Lo que necesitas averiguar es cuándo te convertiste en un canal de energía negativa. Si fuiste muy promiscuo en la pubertad, este es el entrenamiento que diste a tu cuerpo. La promiscuidad no funciona a menos que pienses en desahogarte y en actos agresivos porque no hay sentimiento involucrado con alguien a quien no amas, así que tu cuerpo adoptó ese canal, y más adelante en la vida seguirás canalizando esa energía porque tu cuerpo la heredó como un hábito. Así que el entrenamiento mental en hábitos tántricos debe intervenir y reentrenar a tu cerebro para que tu canal vuelva a la positividad; con el tiempo, notarás la diferencia. Pero, al igual que con las mujeres, también alimentarás esos impulsos de ser agresivo o infiel o también tendrás cambios de química. Aprender a usar el lingam de forma eficaz y con suavidad será todo un viaje. La fortaleza mental es necesaria. También puede que encuentres a una mujer que tenga un escudo, y crearéis la pareja perfecta, porque ambos necesitáis agresividad, pero con el tiempo, las prácticas tántricas son muy recomendables si quieres atraer abundancia en la vida.

Si los hombres solo conocen el amor, solo canalizarán el amor; Depende de la mujer proporcionar ese consuelo y conexión.

Blando vs Duro

En este capítulo, copiaré y pegaré un correo electrónico directamente de nuestro no olvidado Dr. Pedro Joaquín Valencia.

"Trabajar para generar energía en parejas es un acto de amor, pero para quienes carecen de amor y lo hacen de mutuo acuerdo en busca de energía positiva, se hace muy despacio, con un ritmo que busca el placer en lugar de la destrucción yoni por liberación emocional. Es un proceso delicado que mantiene a la mujer en un placer continuo. (tantra)

Podrían trabajar en ello durante mucho tiempo, no solo unos minutos, alargando el placer. La mujer empieza a desear más ritmo, velocidad o una intensidad suave sin daño, regulándolo ella misma en lugar del hombre, y puede pedir que sea más rápido. La energía positiva se genera a través del amor porque alguien con amor nunca trataría a su pareja de forma agresiva. Las parejas que no buscan ese amor, ni siquiera saben lo que es la energía o la positividad, son las que empiezan la intimidad antes de lo esperado. Otro punto es que una mujer empieza a sentir placer cuando "juega" con el lingam masculino, tocándolo repetidamente y tratándolo como un juguete que le trae alegría.

Esto ocurre porque el lingam masculino es una antena para la energía, que puede ser positiva o negativa, dependiendo de la situación.

Cuanto más se toca y frota, más energía se genera. Pero ocurren dos cosas muy distintas. Una mujer que ha tenido una adolescencia sexualmente activa necesita que ese lingam sea duro—cuanto más duro, mejor. Una mujer que no tuvo experiencia sexual en la adolescencia y que está en una relación por primera o única vez, prefiere jugar con un miembro blando, a veces muy blando y pequeño—cuanto más pequeño, mejor.

La mujer con una adolescencia sexual activa extremadamente alta dice: "No me gusta un miembro blando; Prefiero que sea duro, si no, carece de fuerza masculina."

La mujer sin una adolescencia sexual dice: "Es horrible cuando se pone difícil; Me gusta que sea suave, tierno, y acariciarlo." (Esto proviene de nuestro estudio con miles de pacientes femeninas que hemos evaluado para nuestras conferencias.)

Lo mismo ocurre con la penetración. Una mujer sin una adolescencia sexual nunca disfrutará de una pareja con un lingam extremadamente duro. También sabemos bien que la dureza causa daños y, con el tiempo, conduce a problemas de salud yoni. En cambio, las parejas amorosas que siempre lo abordan con delicadeza y un lingam semi-suave nunca enfrentan consecuencias para la salud yoni.

Debes tener cuidado porque un lingam muy rígido puede dañar al yoni, haciendo que produzca ácidos defensivos (fluidos químicos), y esos ácidos a veces atacan el lingam, causando heridas o pequeños cortes; esto no es una enfermedad, pero sí una sensación incómoda de ardor que surge en defensa propia."

- Dr. Pedro Joaquín Valencia, España.

La rigidez excesiva canaliza más negatividad. Suave y tierno es positivo; Esto se debe a que hará que la mujer sienta calor y no fricción. Cuando digo suave, no quiero decir que no deba estar erecto; Existe una forma semirrígida que es perfecta, pero esto es algo que debería elevarse con el incentivo femenino.

Como hemos aprendido a lo largo de los capítulos, te recordaré que si eres alguien que se ha acostumbrado al sexo agresivo durante la pubertad, desafortunadamente esto será algo que siempre necesitarás. Tu cuerpo necesita probar su propia medicina. Así que, cuando te enamoras y tu pareja quiere tratarte con amabilidad y suavidad, debes entrenarte para volver a sentirte con suavidad, pero siempre necesitarás esa agresividad de vez en cuando para estabilizar las necesidades de tu cuerpo. Muchos problemas de salud están relacionados con esta necesidad física tan única de que tu cuerpo recupere el equilibrio.

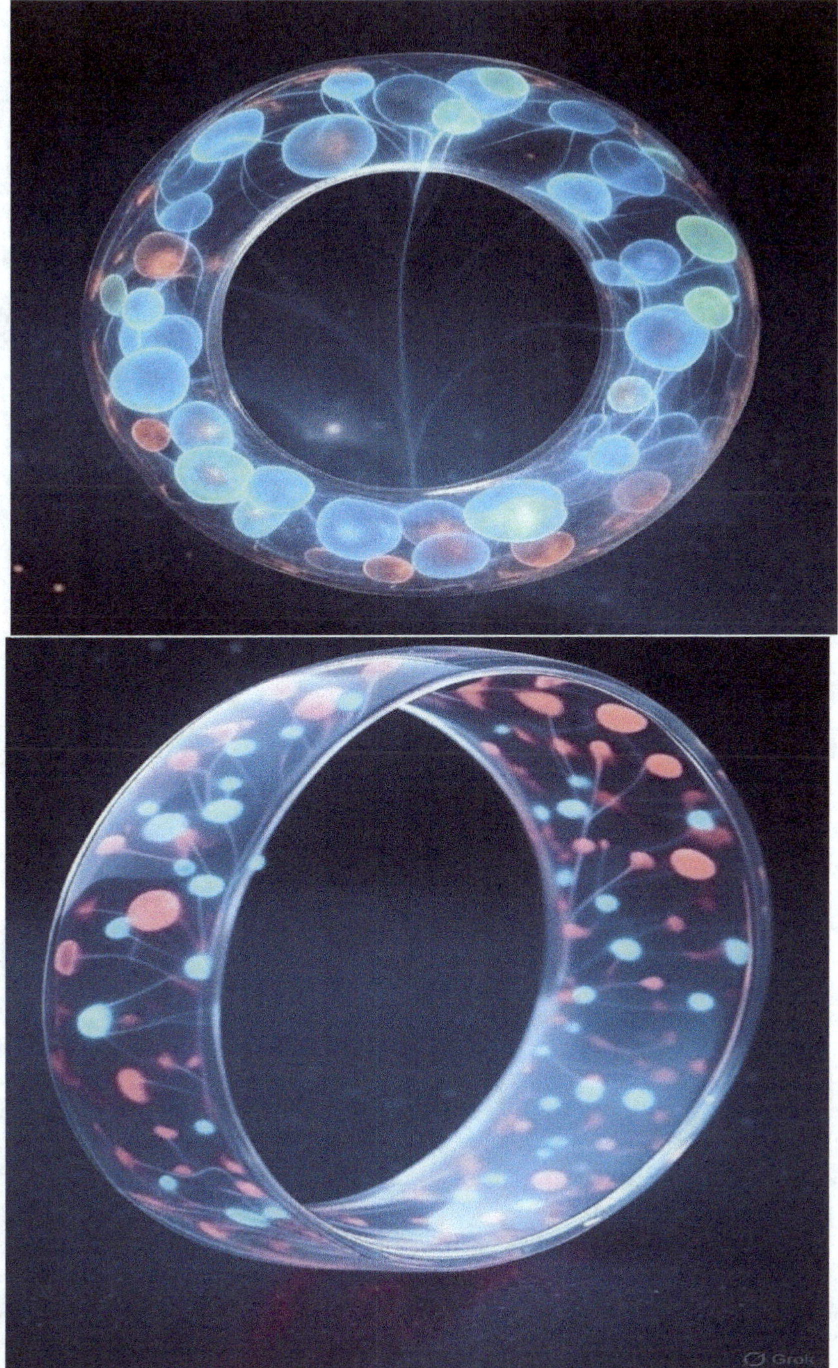
Grok

Orgasmo

La energía que te llena, que acumulas. La fuerza de tu canal y tu abundancia es cuánta energía almacenas y cuándo necesitas liberarla porque estás desbordando energía. Si esa energía está concentrada únicamente en tu chakra raíz, sentirás un impulso incómodo de liberar. Imagínate, ahora sabiendo que este es tu combustible, ¿por qué lo soltarías a la fuerza cuando no es necesario? Solo te mantendrá funcionando al vacío. En un cuerpo perfecto y en un mundo natural perfecto, un orgasmo siempre debe llegar de forma natural y nunca forzarse.

Si profundizamos en la creación, el propósito de un orgasmo es traer vida a este mundo, o cuando el hombre tiene excitación, es decir, canaliza energía que debe ser entregada a la mujer, porque él es la antena. Los hombres tienen erecciones sin pensarlo, y es porque son manipulados únicamente por la energía. Si están conectados a energía positiva, su erección será estable pero no áspera ni muy rígida. Si su erección es negativa, serán extremadamente rígidos y normalmente apuntarán hacia arriba como ya lo hemos mencionado. En el caso de un hombre que está en una relación amorosa y tiene erecciones espontáneas, esto es señal de una energía más alta que le indica que necesita cargar a su pareja; en este caso, debe recibirse por vía oral. El hombre canaliza energía, y la mujer carga su cuerpo con energía para luego amplificarla; Es una simbiosis perfecta. Cualquier cosa que hagas realmente genera energía, pero haciéndolo así, te beneficiarás más de la energía.

En casos aislados, ocurriría la autolimpieza, que es la forma de eliminar la energía contaminada del cuerpo, algo que normalmente no ocurriría si estuvieras en una relación amorosa porque se mantienen limpios a si mismos. El escape de nuestro cuerpo también se produce a través de los orgasmos, lo que significa que cualquier energía tóxica que puedas absorber del entorno circundante tendrá que liberarse a través del orgasmo. En este caso, es importante comprobar su consistencia; si tu liberación es espesa y blanca, es energía tóxica, lo cual es genial. Si tu liberación es fluida o transparente, es energía positiva, mejor aún (no tiene nada que ver con los niveles de testosterona), hablamos de energía. Para asegurarte, puedes hacerte una prueba de testosterona y, una vez que lo sepas, empezar a analizar tu limpieza. Limpiar el cuerpo no es solo masturbación; Es una liberación consciente de energía tóxica, lo que significa que no te limpiarás solo masturbándote; Necesitas hacerlo conscientemente y absorber energía positiva de una fuente o pareja para expulsar la energía tóxica. Nuestro cuerpo es un espacio. Cuando la energía positiva lo llena, expulsará cualquier energía negativa, pero si dejas un espacio vacío, necesitará llenarse rápidamente con otra energía.

Los orgasmos deben surgir de forma natural, sin fricción forzada ni procesos rápidos; Este no debería ser el objetivo. Diferente de lo que has oído hablar o a lo que estás acostumbrado a hacer. La forma de la naturaleza es que nuestro cuerpo tenga orgasmos durante todo el día. Igual que cuando pasabas por la pubertad. Esta humedad son subidas constantes de energía y la forma en que el cuerpo se autolimpia. Cuando tu cuerpo libera la energía almacenada, es como si hubieras agotado toda la energía almacenada y necesitaras volver a llenar el tanque. Cuando no liberas, simplemente seguirás cargando energía, usarás la cantidad que tu cuerpo necesita y te mantendrás en un estado activo, natural y abierto donde la energía fluye continuamente y tu canal permanece abierto. Es entonces cuando todo en la vida fluye.

La gente se esfuerza por alcanzar el orgasmo porque en la mayoría de las civilizaciones del mundo se malinterpreta. Si vives en un estado orgásmico constante y placentero, no tendrás la necesidad física ni el deseo de liberar ni siquiera sentir placer carnal. Si no lo vives, no puedes entenderlo. Hay ciertas culturas que entienden la importancia de la energía, pero desafortunadamente, en lugar de enseñarla, algunas han creado reglas o prohibiciones estrictas para intentar evitar que la gente genere energía negativa. Creo que las personas deberían tener libre albedrío sobre su cuerpo, pero también la información adecuada para elegir lo que les parezca correcto. Es parte de nuestro camino para aprender y crecer.

Cuando una mujer pierde puntos sensibles (conexiones energéticas), empieza a cerrar su canal bastante rápido, lo que normalmente lleva a una dependencia del clítoris, es decir, no puedes sentirte excitado a menos que toques el clítoris, lo que básicamente significa que estás boca abajo en lo que se supone que deberías estar. Todos los labios y el interior tienen puntos sensibles; si te has acostumbrado a liberar solo con un movimiento o toque específico, has hecho que tu cuerpo dependa de esa acción, cuando en realidad deberías centrarte en sentir más placer con menos actividad física.

Cuanto más entrenes tu cuerpo y mente para relajarse y recuperar el control, más sensible serás al tacto. Dependiendo de lo desconectado que estés de tu sensibilidad, cuánto tiempo tardarás en recuperar la sensibilidad. Si recuerdas cuando eras adolescente y estabas pasando por la pubertad, podías tener la sensación de un orgasmo solo con besar a alguien. Así es como se siente un canal abierto y lo orgásmico que deberías sentirte a lo largo del día. Eso era tu cuerpo completamente funcional.

Cuando tocas la región del clítoris, se produce excitación acompañada de un placer cada vez más intenso. El yoni tiene la capacidad de generar placer de 10 a 12 veces mayor que el clítoris, lo que significa que es inútil buscar excitación y placer en el clítoris cuando el yoni genera un placer mucho mayor. Esto se debe a que las paredes yoni, a lo largo de su longitud y circunferencia, tienen puntos treinta veces más sensibles que la región clitoriana, pero lo más importante es que en su interior está el llamado 'punto G'.

Es difícil dejar la dependencia del clítoris, pero no imposible, porque en su mayoría harás esto como necesidad de liberar dolor o tensión normalmente debido a la falta de lubricación natural, pero esto eventualmente también te llevará a estar más limitado en tu sexualidad.

El clítoris es donde se encuentran todos los puntos sensibles, así que prestarle más atención hará que la mujer deje de centrarse en la zona importante, que es la sensación placentera de las paredes yoni. Si la lubricación ocurre de forma natural, siempre habrá placer. Lo que causa molestias en las mujeres es la falta de lubricación natural, que crea una sensación de raspado en lugar de deslizarse.

¿Qué es un orgasmo para ti?

Energéticamente, un orgasmo es la sensación de conexión que tienes con el éter. Lo llamas orgasmo porque de vez en cuando lo has convertido en algo casual, porque olvidaste que una vez viviste en un estado orgásmico, lleno de energía en tus años jóvenes, completamente conectado. Un orgasmo es la liberación de energía sobrante de nuestro cuerpo; Es la única forma que nuestro cuerpo conoce para expresar su conexión con nuestra fuente, a través de un grito, un gemido o un escalofrío. ¿Qué tan fuerte es tu canal y cuánto puedes canalizar?

Lo que le ocurre al cuerpo a medida que envejecemos es rigidez y tensión, debido a la falta de actividad física y a más horas de oficina. Cuanto más te desconectes, más difícil será alcanzar la excitación o un estado orgásmico. Necesitamos encontrar un equilibrio entre el yo y lo material.

Imagina tu cuerpo en un momento de excitación, donde lo que haces es elevar tu alma para alcanzar el éter. Si estás conectado al éter, alcanzarás un orgasmo corporal completo en los primeros 15 segundos porque solo la penetración será orgásmica. Es cuando el sentimiento de amor es tan fuerte que ambos conectáis rápidamente a un nivel etéreo. No es solo físico. Es más fácil que los hombres estén conectados porque los hombres no están expuestos como la mujer. La mujer es la que sufre principalmente roturas, lo que provoca traumatismos en la zona pélvica y afecta a la función de todo el cuerpo. Por eso también es importante que los hombres aprendan esto, para que el trato de hombre a mujer sea más suave. Se sabe que los hombres confunden lo masculino con lo dominante, y en la naturaleza, estamos destinados a trabajar juntos.

La mayoría de las mujeres malinterpretan cuando el hombre que las ama se libera demasiado rápido y juzgan el acto de pre-eyaculación. La realidad es que, en la mayoría de los casos, el hombre está tan involucrado emocionalmente con la mujer que el sentimiento es demasiado para controlar, y no pueden evitarlo. Han ido acumulando ese deseo y amor, y el sentimiento les supera. Mientras que si la mujer no fuera tan importante para él, probablemente podría moverse sin descanso hasta que explotara físicamente. Por eso, el uso de las manos también es muy importante. Deja de hacer que tus genitales sean el centro de todo y cámbialo hacia el trabajo manual.

La liberación anticipada normalmente ocurre cuando es la primera vez que compartes un acto íntimo con la persona que elegiste. Los siguientes actos serán de mayor duración, y también debe ser aquí donde el hombre aprende a mover esta energía por el cuerpo con la respiración, sin que se acumule en una sola zona, lo que la haga insoportable. La acumulación de demasiada energía en la zona pélvica responderá a tu liberación, mientras que con el trabajo respiratorio estarías moviendo la energía por tu cuerpo.

En un mundo perfecto, con dos cuerpos físicos perfectos y funcionales, el tiempo medio normal que una pareja dura antes de un orgasmo al tener relaciones sexuales es de entre 1 y 3 minutos, a veces segundos, en su primer encuentro. A partir de ahí, pueden empezar a mejorar poco a poco su canal para mover energía durante períodos más largos y obtener más energía. Es el flujo de energía, que es lo que estás haciendo; Estás haciendo fluir energía arriba y abajo y alrededor.

Un factor crucial para alcanzar relaciones más altas es la relajación. Si nuestro cuerpo está tenso, nuestra energía no fluirá tan rápido. Para que la energía fluya de forma más suave, debe haber una sensación de entrega. Entrégate a cómo quiere moverse tu cuerpo y no tienes que preocuparte por cómo se mueve. La mayoría de los hombres siguen lo que aprendieron en el porno, y eso está lejos de lo que debería hacerse.

La siguiente clave para tener un orgasmo potente es no precipitarse. Cuanta más energía acumules durante los días o semanas, más placentero será el encuentro porque la energía será mayor. Aprender a mover la energía, si es posible, concentrándote y reconociendo lo que sientes abajo. Relajando la sensación con respiraciones profundas y lentas por la nariz y durante toda la práctica, una boca abierta, que te ayudará a exhalar cualquier exceso de energía hasta llegar al momento del orgasmo, cuando tu boca permite que cualquier ruido natural exhale desde el extremo de tus canales. Esta voz actúa como un sistema de amplificadores para nuestra energía; Lo pulsa y lo empuja hacia fuera, llenando cualquier esquina y alcanzando longitudes más amplias con tu energía. Si quieres probar estados elevados de DMT producidos por tu propia energía, puedes intentar usar el trabajo de respiración dentro de la práctica.

El problema aquí son las relaciones que no afrontan el hecho de que la mujer pierde puntos sensibles o un escudo. Así que, meses después de empezar la relación, la excitación femenina empieza a desaparecer, especialmente después de los 27 y cada vez más después de los 35. Por eso, es muy importante que las mujeres que sufren de escudos o pérdida de puntos sensibles trabajen con las manos y la boca para poder equilibrar el tiempo que su pareja dedica a crear excitación en ellas. Si la mujer no hace nada para curar su escudo o despertar nuevos puntos sensibles, lo más probable es que se encamine hacia una soledad futura. Los hombres acaban cansándose de tener que trabajar en la excitación que nunca llega, y la mujer malinterpreta que su hombre no la excita. El sexo no debe convertirse en un trabajo; Debe ser un acto apasionado y placentero hecho con todo deseo.

La mayoría de los esposos que se convierten en infieles, buscan su ultima novia que no era MUDA y entonces pueden sentir placer por su momento intimo. Y así van abandonando a su esposa por largos tiempos y a veces ni les interesa si la esposa sale a buscar placer por otro lado, ya que sabe que no durara mucho el otro trabajador.

Y esto es natural, cuando una persona hace un bien a otra, lo menos que desea es que se lo reconozcan y que lo incentiven y no que puedan sentirse "utilizados". Necesitan palabras durante su trabajo sexual, es necesario.

Muchas mujeres creen que cuando hacen sexo oral es de gran placer para el hombre, pero en realidad solo tienen placer cuando todavía no están endurecidos y cuando se endurecen solo lo sienten en el glande y no en el resto del miembro, entonces esas mujeres están frotando con su boca todo el lingam durante minutos y minutos y no logran que llegue el orgasmo hasta que se les endurece la musculatura bucal. No saben, solo imaginan y la imaginación no lleva a nada, hay que aprender y saber. En muchos casos el hombre llega al orgasmo oral porque lo fuerza a tenerlo ya que se cansa y hasta arde tanta fricción y la mujer se considera exitosa.

El hecho es que hoy muchas mujeres creen que los hombres la usaron y se fueron y catalogan mal al hombre, cuando en realidad el que se sintió usado fue el hombre, porque la mujer fue MUDA.

El hombre va perdiendo ese calor y al cabo de dos años de casados ya no le interesa "trabajar" para su esposa, porque no tiene ninguna palabra de motivación, nunca en ese tiempo recibe un cumplido: "que bien lo haces" o " que hermoso orgasmo me hicistes tener" . La mujer considera que con haberlo tenido es suficiente, entonces su esposo se convierte en un trabajador para darle placer. Es necesario ser expresiva.

Generar energía sexual positiva durante largos periodos de tiempo tiene una reacción asombrosa en nuestras vidas y en el universo; llena el éter de positividad. Al cambiar la forma en que usamos esta energía, podemos cambiar muchos resultados en nuestra vida y en el planeta. El problema hoy es que la gente llena el éter de negatividad, afectando a todos.

El orgasmo más alto que puedes entrenar a tu cuerpo es el que te falta aire. En el momento del orgasmo, no antes, el hombre tiene que cortar el aire directamente en la zona de la garganta, aplicando presión lentamente y, por supuesto, escuchando las demandas de la pareja. Cortar el flujo de aire en ese momento preciso será un ejercicio para contener la explosión de energía dentro del cuerpo y no dejar que salga; esto debe tomarse despacio y, con el avance, permitirá que la persona se conecte a la fuente de energía, a veces incluso viendo una luz blanca. Cuanto más cortas el aire, mayor es la energía almacenada dentro del cuerpo. Suavemente y con el tiempo, la conexión será más alta; No causes daño.

El monte de Venus en una mujer es donde almacenan su energía, igual que los hombres en sus testículos. Algunas mujeres son elegidas para ser reservas de energía, igual que algunos hombres son elegidos para ser canales de energía superiores.

El hombre, a veces, está acostumbrado a sentir placer por tener control y dominio, y debe ser una tarea conjunta, donde la mujer seduce al hombre para activarlo, y el hombre canaliza la energía, que debe beber o entregarse sobre el cuerpo. Si estás con tu pareja, se beneficiará de esta crema.

Piensa en cada nivel de excitación como un nivel de frecuencia, donde mueve tus moléculas y produce descargas eléctricas. Luego, conectas tan profundamente que ya no sientes tu cuerpo, sientes la corriente recorriéndolo y tienes un orgasmo tántrico en un bucle continuo. Estos orgasmos energéticos son la misma sensación que un orgasmo normal. La gran diferencia es que solo te liberarás en un flujo continuo y muy largo en lugar del orgasmo normal, que es una sensación muy rápida y muy extrema, y desaparece. En un orgasmo energético, puedes estar liberando líquidos constantemente, experimentando un estado prolongado de elevación e intensidad del placer, que es la energía que se transmite ampliamente por el cuerpo. Esto es energía pura, y normalmente es transparente. Esto ocurre en lugar de que liberes pequeños trozos de lubricación y luego energía densa de golpe que tu cuerpo ha condensado y por consecuencia necesita eliminar. En un orgasmo energético, tu cuerpo es secundario pero trabaja con tu conciencia o intención de conectar y generar energía positiva. Así que puedes alcanzar niveles de alta proyección astral, geometría sagrada, visiones y viajes donde el tiempo no existe. Puedes tener sensaciones orgásmicas múltiples sin ningún movimiento. Cuando llegas a este nivel, nunca vuelves a ver el sexo igual.

Si sanamos nuestro cuerpo y aprendemos a vivir en un estado placentero, ya no sentiremos la necesidad de alimentar ningún deseo sexual porque nos sentiremos realizados todo el tiempo. Esta increíble sensación de mariposas diarias, placer por la vida misma, corrientes diarias de energía positiva representadas por una hermosa sensación de una leve excitación constante que ya no se asocia con una excitación sexual carnal. Es vivir en una multidimensión, la física y la etérea, donde todo es sagrado, es una conexión constante con una energía superior, somos un faro.|

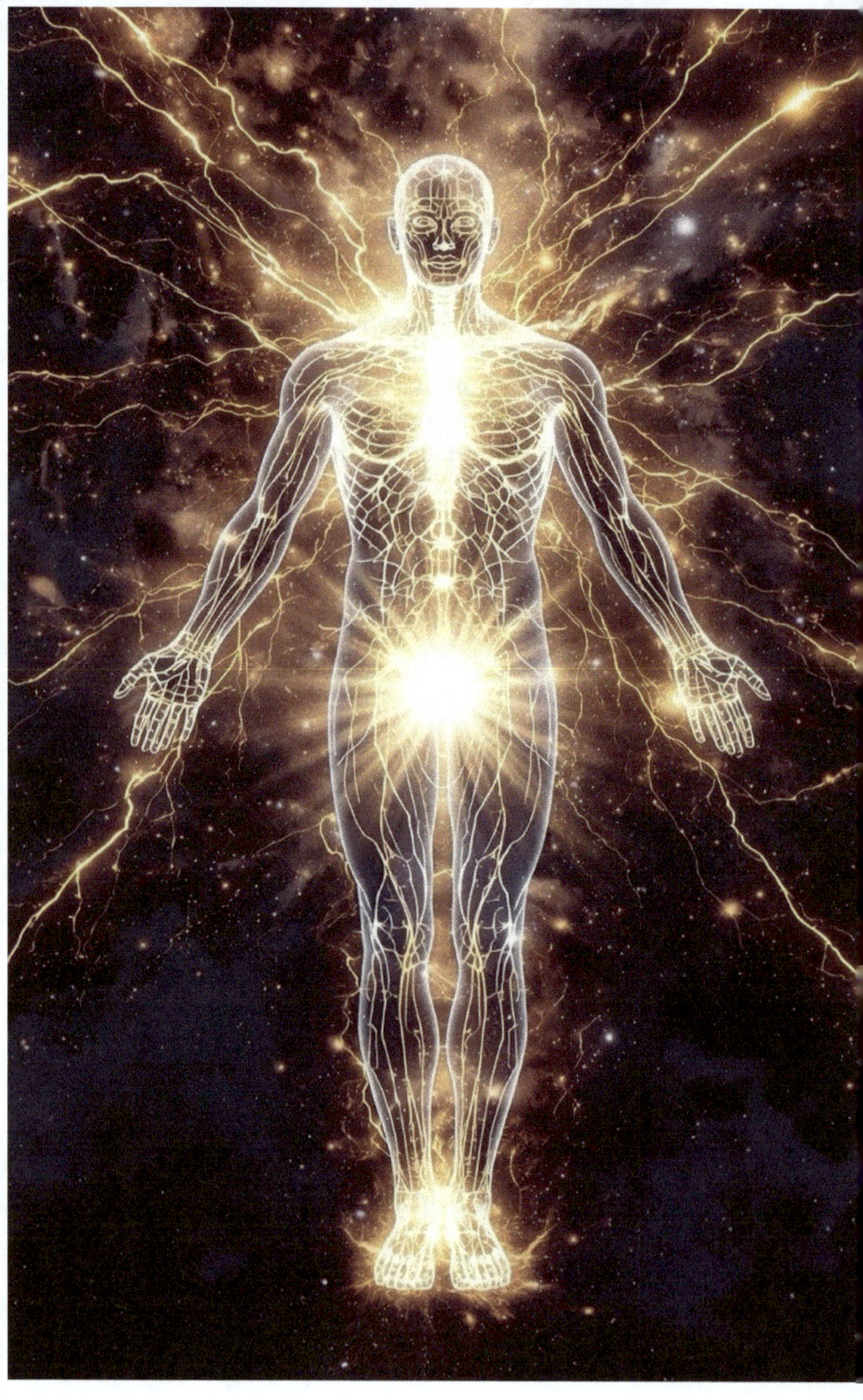

Placer:
¿En qué nivel estás?

En una escala del 1 al 10, siendo 10 el más alto, ¿qué nivel describiría tu nivel de placer?

Para la mayoría de la gente, su placer siempre será percibido como el más alto nivel, porque eso es todo a lo que han estado expuestos últimamente, y han olvidado que hay mucho más. El nivel de tu orgasmo determinará hasta qué punto llega tu alma y qué tan conectado estás. Si puedes conectar rápido o siempre estás conectado, tendrás una excitación increíblemente rápida o durante todo el día. Si te tomas un tiempo para excitarte, es porque estás muy desconectado, pero no te pongas nervioso.

Cuando un hombre toca el pecho de una mujer, se erección en segundos; Cuando una mujer toca los genitales de un hombre, debería reaccionar igual. Si hay una reacción lenta para que ocurra la excitación, eso significa que el cuerpo tiene un desequilibrio químico. Tu energía está desafinada. Deberías poder excitarte solo pensando en ello. La reacción natural de un cuerpo cuando se excita es la humedad. Este es nuestro cuerpo en perfecto estado funcional.

Cada trauma físico y emocional acabará afectando a tus partes de energía sexual. El trauma físico que quizá no ves pero que circula internamente ocurre cada vez que has tenido dolor. Cuando algo se hace con fuerza y no de forma natural o con suavidad, a veces corres el riesgo de tener lágrimas, internas o externas. Pero el interno es el que daña los puntos sensibles. Estos son los que nadie menciona y de los que más importan. Una cosa es actuar sobre el acto de generar energía con paciencia y tiempo, y otra es la rapidez o la fuerza en situaciones.

Sabrás si tu canal está completamente abierto cuando tienes la mente clara, amor propio, confianza y una lubricación natural constante a lo largo del día.

A continuación encontrarás una lista de mediciones de placer para ver dónde estás, desde uno crucial hasta 10, cómo deberías ser:

1. No tienes deseo sexual.
2. No tienes penetración por el dolor.
3. Estás entumecida.
4. Siempre estás seco.
5. Tienes algo de intimidad, pero con mucho dolor.
6. Tienes algo de intimidad, pero con incomodidad.
7. Tardas demasiado en excitarte.
8. Tienes algo de intimidad con placer.

9. Tienes mucha intimidad con placer intenso.
10. Siempre estás excitado, mojado, activo y creativo.

El nivel 10 es alcanzar lo que conoceríamos como la melodía de Dios. Esto significa que siempre estás en un estado elevado donde la vida se siente como un placer constante y pleno de la existencia. Esta es la etapa alfa, donde tu cuerpo está constantemente canalizando y tú manifestando constantemente.

Es trabajo del hombre mantener y dar placer a la mujer según sus necesidades para sentir placer; Si la mujer no siente placer, el hombre no siente placer. El trabajo de la mujer es asegurarse de que el hombre sienta amor y pueda canalizar justo eso, amor, pero debe esforzarse en sanar si se ha perdido algún punto sensible para mantener un nivel normal de excitación. Lo que hagas sentir a la otra persona es lo que recibirás a cambio.

Cuanto más enfoque tenga cada persona en el progreso de los demás, más progresarán ambos en la vida.

Si estás en una relación con una mujer que tiene las consecuencias de un escudo, solo necesitarás un poco más de comunicación y paciencia para pasar del punto 1 al 10. Es posible.

Todo está en tu cabeza. Tu cuerpo y alma pueden encontrar a la persona adecuada, pero si tu escudo y tu mente están distraídos, no lo verás. Así que, empieza siendo consciente de lo que sientes y por qué.

Deseo

El deseo siempre está relacionado con la intimidad, pero no debería ser así; Las acciones íntimas son el resultado de una consecuencia que no siempre debe usarse sexualmente. El significado de la intimidad se ha perdido porque el placer en los adolescentes les lleva a participar en la intimidad, y la gente no entiende que esta intimidad fue creada por la naturaleza ÚNICAMENTE para concebir hijos y para hacer que concebirlos sea placentero. Pero nadie lo entiende así, salvo en algunos lugares de Oriente Medio, donde los sentimientos naturales aún perduran.

Por esta razón, existe el uso de los dedos y de la boca, que muchos rechazan debido a la falta de comprensión cultural desde la adolescencia. El deseo es una sensación natural que lleva a acciones que las personas han cambiado, NO por progreso, sino por promiscuidad.

Cada vez hay más ofertas de sitios promiscuos a los que los débiles no pueden resistirse y, al mismo tiempo, es una cuestión de estatus en los círculos ejecutivos de alto nivel. Las parejas no tienen que penetrar con su lingam; En cambio, deben trabajar con los dedos y la boca, solo usar penetracion genital solo cuando estén seguros de que pueden formar una familia si tienen relaciones en momentos fértiles. Pero nada es así.

También existe la necesidad de generar energía positiva cuando se necesita masturbación masculina o la estimulación oral proporcionada por la mujer, y en esos casos, ese líquido debe extenderse por el cuerpo e incluso a veces consumirse porque la intención de ese acto es transformarte en un recipiente positivo. Usar los momentos sexuales para: limpieza energética, generación de energía fuerte o, creación de vida.

El deseo ha sido reemplazado por la lujuria, y el acto de intimidad se ha perdido; El acto sexual por sí solo ha dominado la mayoría. El deseo significa acumular esta energía para el progreso general en la vida, donde hay una llama constante en una relación, y ese flujo constante de energía es lo que hace que todo a tu alrededor funcione a la perfección.

Es extraño recomendarte que dejes de tener la penetración porque vivimos en una sociedad que ya se ha acostumbrado a este uso de su energía sexual. Pero lo que puedes hacer es espaciar un poco más estos actos, solo en momentos de necesidad, y tratar de usar más las manos y la boca para ver si notas alguna diferencia en tu cuerpo y en tu vida en general. Prueba esto durante unas semanas y evalúa si es algo que te funciona. Si no es así, sigue como siempre.

La importancia del deseo es que debe generarse constantemente. El deseo de tu pareja en todos los niveles es lo que hará que tus moléculas y endorfinas se muevan, manteniéndote sano. Así que sé activo en provocar, jugar, tocar, abrazar y besar tanto como quieras para encender esa llama, y cuanto más tiempo puedas mantener esa llama sin soltarla, más beneficios verás a tu alrededor. Esto se debe a que el motor de tu cuerpo funciona a pleno rendimiento y su energía fluye constantemente.

No te precipites por acabar con esto porque no tienes tiempo. Pones prioridades en cosas que no tienen nada que ver con tu salud o bienestar, así que cuando se trata de prestar atención a la llama de tu vida, no controles el tiempo. Cuanto más te tardes, más energía emergerá de los cuerpos del otro como una bomba a punto de explotar. Recuerda, no se trata de llegar al final; Se trata de disfrutar del placer que se acumula con el tiempo. Cuanto más tiempo y más puedas aguantar durante el día, más vivo te sentirás. Sentirás una sensación de juego que te hará sonreír durante todo el día.

Para algunas parejas que han perdido su llama y necesitan recuperarla, el ejercicio físico como los de los otros capítulos es imprescindible. Pero también hay cosas que puedes hacer para reavivar la relación que no tienen nada que ver con actos sexuales. Pequeños actos como arreglarse para tu pareja, lucir bien y cuidarte. Juego de rol donde podes crear una fantasía juntos actuando como personas diferentes. Recrea el día en que se conocieron hasta en el lugar donde se conocieron. Salir y mantenerse activos como cuando eran mas jóvenes, ¿por qué las parejas en sus años jóvenes adoran salir y, más adelante en su relación, dejan de cuidarse y dejan de divertirse?

Solo estás vivo en la medida en que te permitas estar, y la edad no debería apagar tu juventud. El deseo va mucho más allá; es un deseo y un fuego de vivir, de reír, de amar, de cuidar y de existir. Ese es el fuego que encenderá vuestra relación. Hacer cosas fuera de tu zona de confort, comprometer tus disgustos para complacer a tu pareja, ser desinteresado y no exigir que todo sea como tú quieres.

El momento en que pierdes el sentido de quién eres es el momento en que perderás tu deseo porque tu felicidad se apagará. Nunca deberías convertirte en otra persona para complacer a otro. Siempre deberías seguir haciendo lo que te hace feliz mientras multiplicas tu felicidad con tu pareja.

¿Qué es lo que realmente deseas?

¿Qué te impide vivirlo?

Desequilibrio químico

"Nuestro cuerpo almacena ADN de todas las químicas que ha recibido."

Debido a estos cambios químicos cada vez más comunes en las personas, hay más visitas al hospital. Especialmente cuando se genera energía negativa, que es la peor forma de tratar el cuerpo, lo que lleva a estancamiento o distracciones improductivas. Los desequilibrios químicos ocurren cuando:

Una mujer en su adolescencia puede tener 5, 6 o 10 novios, pero solo ha sido íntima con uno en amor verdadero, ganándose el respeto de los demás. La relación no funcionó y se separaron. Más tarde, conoce a su otra mitad y se casa. Esa mujer nunca necesitará un cambio de piel (química).

Una mujer en su adolescencia sale con 5, 8 o 10 hombres y mantiene relaciones con todos ellos; entonces se la considera "indecente", lo que significa que está sufriendo cambios constantes en la piel, o en otras palabras, CAMBIOS QUÍMICOS en su desarrollo.

El cambio de química, los lingams rígidos y la agresividad son lo que destruye el desarrollo en la adolescencia; Fundamentalmente, el cambio en la química es lo que provoca un cambio en el metabolismo del cuerpo en crecimiento y forma parte de sus necesidades físicas. Si tienes hambre y no comes, te sientes mal; Si tienes sueño y no duermes, te sientes mal; Si tienes una necesidad fisiológica (como necesitar ir al baño y no hacerlo), te sientes mal; Y si no cubres las necesidades químicas (como los cambios en la piel), te sientes mal.

Cuando el cuerpo no recibe el cambio químico al que se acostumbró durante la pubertad, funciona mal y no crea fluidos ni anticuerpos de forma natural.

Lo que más puede afectar al cuerpo y afectar a su desequilibrio químico es la recepción de diferentes fluidos de distintas personas en cortos periodos de tiempo. Cuando el hombre eyacula dentro de la mujer, está dejando su ADN en ella, y viceversa. Esto es como una crema que nuestro cuerpo absorbe. Cuanto más tiempo permanece ese ADN dentro del cuerpo, más absorbe sus genes y los toma como propios. Si se repite con una persona, estos genes se incrustarán aún más.

Esto se observa en la raza felina, que durante la temporada de apareamiento tienen relaciones con varios hombres y luego producen gatitos con una variedad de colores y rasgos, ya que cada hombre lleva genes diferentes desde su nacimiento.

Esto no debería ocurrir en la raza humana, ya que poseemos lo que se llama inteligencia y fidelidad.

Por eso a veces hay niños que nacen con rasgos diferentes a los de los padres, porque si había ADN absorbido en la mujer antes de ese nacimiento, podrían tener un rasgo genético de esa persona. Por eso los preservativos (preferiblemente naturales y no tóxicos) son tan importantes y estar seguro de la persona con la que te acuestas es aún más importante. Por supuesto, los padres se forman por quién te cría, pero cuando se trata de enfermedades genéticas, todo esto es importante saberlo. Si no hay rasgo de una enfermedad genética en tu familia o en la de tu pareja, y tus hijos la tienen, y en algún momento de la vida hubo un depósito de esperma en la mujer, entonces esa es la posibilidad de absorción. Sé que es información muy delicada y que ya hay gente que la hace pública, siempre nos hemos abstenido de hacerlo públicamente porque puede provocar rechazo de padres a hijos, algo que nunca debería ocurrir. Lo hecho, hecho, y no hay vuelta atrás. Lo importante es que esta información llegue a las nuevas generaciones para evitar más daños. Un padre es la persona que cría al niño, no solo quien proporciona el esperma y tampoco hace que tu descendencia sea menos tuya.

Los fluidos que produce nuestro cuerpo no deben tomarse a la ligera. Estos fluidos transfieren todo lo que hay en tu ADN, tu energía. Si se genera energía negativa, entonces todos los malos genes de la persona se transmitirán, pero si se genera energía positiva y quien la da está sano, incluso puedes recibir la sanación de tus problemas de salud. Nuestros cuerpos son inteligentes y, cuando se acostumbran el uno al otro, se cuidarán mutuamente. La clave es la energía.

Así que, cada vez que una mujer besa, o peor aún, bebe o traga semen y permite que toque su piel, esto actúa como una crema que la piel absorbe. Por eso es tan importante tomarse el tiempo y conocer con quién vas a estar involucrado, generar siempre energía positiva y tener una línea más saludable.

Cuando el cuerpo atraviesa un desequilibrio químico, reaccionará con un flujo maloliente tanto en hombres como en mujeres. Los genitales son un sistema de desagüe y todo lo que no pertenece a tu cuerpo será liberado a través de tus fluidos. Cuando notas cambios de color o olor, tu cuerpo se está limpiando a sí mismo. Si dura un tiempo, deberías hacerte un examen más detallado. Si no aparece nada, al menos ahora sabes por qué.

Es normal que los nódulos cancerosos aparezcan en mujeres que tuvieron encuentros sexuales prematuros con diferentes químicas, es decir, con diferentes parejas. Por eso es importante hacer un chequeo mensual del conducto femenino para asegurarse de que no hay dolor ni zonas rígidas que, si se dejan intactas, podrían convertirse en un problema real de salud. Es especialmente importante tener penetración de los dedos, y cuanta más, mejor, en ambos conductos, vaginal y anal, porque se forman pólipos en ambas paredes. Siempre revisa y haz los ejercicios. Lo que hacen estos ejercicios es raspar y sanar. Masajeamos todas las demás partes del cuerpo; La zona pélvica no debe ser extraña, ya que todos nuestros tendones pasan por la zona pélvica.

Recuperación femenina

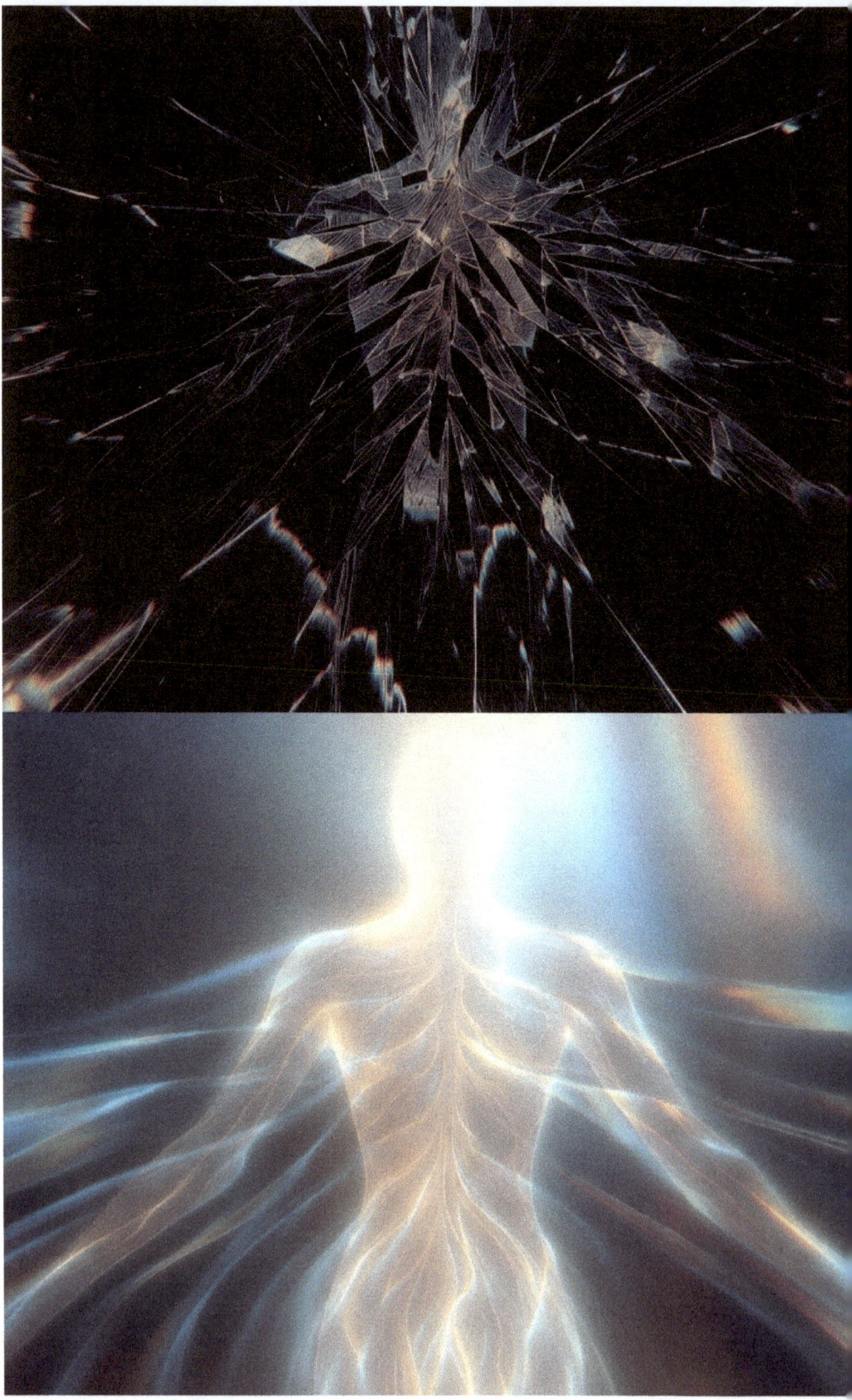

Las mujeres que han experimentado varios fracasos sexuales necesitan recuperación, y todo empieza con la mente. Recordemos que para los hombres, tras unos meses, se convierte en una tarea sexual más que en placer sexual cuando una mujer tiene un escudo y pierde puntos sensibles, teniendo que embestir durante muchos minutos sin alcanzar el orgasmo o placer de la mujer, lo que resulta aún más frustrante para los hombres que alcanzan un orgasmo en un tiempo razonable. Las mujeres se quedan expuestas a no experimentar nunca un orgasmo, y esto lleva a la separación. Hay recuperación; Donde hay voluntad, hay solución.

En 2022 nuestro equipo demostró que, después de que una mujer sufra fracasos románticos constantes, cuando encuentra AL HOMBRE, es decir, aquel que la pone en un nuevo camino y toma un rumbo en su vida donde se enamora de verdad y profundamente de ese hombre, puede revivir y regenerar nuevos puntos sensibles, haciendo que su cuerpo reaccionara como el de una mujer normal otra vez.

Claramente, para comenzar este viaje, no debió incorporar negatividad en su cuerpo, ni esferas negativas que bloquearan la sensación. Esto significa que, antes de comenzar un camino de reactivación, la mujer debe pasar por purgas de energía negativa. Lo notable es que el amor verdadero en el sentimiento hace que florezcan nuevos puntos sensibles, haciéndola sentirse completa de nuevo, sintiendo placer de nuevo en tal que ni siquiera necesita penetración; Incluso sentir el calor de la mano de su pareja, la conversación o la cercanía, puede llevarla a experimentar orgasmos generados constantemente por su cuerpo, como cuando era virgen. Todo está impulsado por la energía del amor cuando realmente existe amor.

Si eres alguien que ha estado con más de una pareja sexual en tu juventud, deberías considerar estas consecuencias; Cuantos más cambios en la química, más reacciones tendrá tu cuerpo después de los 27 años y más agravantes después de los 35. Así que, si tienes histeria, migrañas, te sientes extraña, perdida, deprimida, etc., ahora ya sabes por qué. Lo único que puede equilibrar tu cuerpo para que vuelva a la normalidad es tener un cambio químico.

Si estás en una relación, el consentimiento lo es todo, y elegir a alguien positivo es importante; Tratarás este encuentro como una necesidad de salud y nada más. La frecuencia o cuántas veces necesitará esto depende de cuántas personas hayas estado en tu juventud y de lo graves que sean tus síntomas.

Pero no hace falta pastillas cuando puedes equilibrar tus hormonas de forma natural.

Conocí a una pareja una vez, donde la mujer era muy promiscua en su juventud y la consideraban una ninfómana de unos 50 años. Su marido la acompañaba para tener sexo con otros hombres porque sabía que si no lo hacía, se pondría histérica, y esa era la única forma en que sentía felicidad. Él sufrió, por supuesto, pero sabía que era por su salud y necesitaba verla feliz y sana y no en un hospital. Este ha sido uno de los casos más duros que he encontrado, pero sin que ellos supieran por qué hacían lo que hacían, encontraron una solución a sus problemas de salud. Estos casos pueden variar desde algo muy sencillo hasta casos muy difíciles como ese.

Si eres alguien que tiene una reacción leve a tu desequilibrio químico, puede que solo necesites un intercambio cada dos años y entonces volverás a sentirte normal. Esta es una información muy delicada y la comparto porque sé que en muchos matrimonios amorosos que se han encontrado contra la pared sin encontrar soluciones, o que han caído erróneamente en el intercambio de parejas, lo cual no es ideal, esta información puede sanar su relación, pero la mente debe estar muy segura de la intención detrás del acto para que no haya confusión. Si tu mente es débil y crees que no puedes soportarlo, es mejor no involucrarte en esto. Conocer el pasado de tu pareja es extremadamente necesario para saber a qué te enfrentarás en el futuro, para saber si estás mentalmente preparado para afrontar algo así.

La necesidad de un cambio de piel (química); Este desajuste hormonal no tiene una solución inmediata, y esta necesidad no puede ser ignorada. El problema del desequilibrio químico debido a un cuerpo adolescente mal adaptado debe entenderse entre las parejas para que no haya corrupción del amor, porque la falta de cambios en la química genera nerviosismo e incluso agresividad en la armonía de la pareja, desaparece la tolerancia y la pareja puede corromperse por la falta de hormonas generadas por el cambio de necesidad química (de la piel). Con el tiempo, esta necesidad de cambio de química se disipará, ya que la mente de la mujer debe ser muy consciente de lo que está ocurriendo, reconociendo que un cambio de química solo es viable por motivos de salud y no para degenerar el propósito de la acción y convertirlo en un mal hábito, llevándola de nuevo por un camino equivocado. Así que, si la mujer o el hombre ha analizado que entra en la categoría de necesidad de ese cambio de química, la pareja se someterá al acto de aceptar una química diferente, solo por motivos de salud y progreso y solo cuando ocurran desequilibrios hormonales, como histeria, nerviosismo, falta de tolerancia, etc. La mente debe estar determinada a que actúa según una necesidad y no alimenta un deseo. Con el tiempo, la determinación de la mente enseñará al cuerpo a no necesitar más un cambio de química al readaptarse para necesitar solo a su única pareja. La determinación y la voluntad de sanar y pertenecer solo a una persona son lo que hace posible este cambio.

La diferencia es que cuando hay amor en la pareja y se abren los puntos sensibles, cualquier necesidad de cambio químico o de piel ocurre más rápido y con menos frecuencia.

.

Despertar de los puntos sensibles

Desgraciadamente, las mujeres son las que sufren más pérdida de sensibilidad que los hombres. Las mujeres son portadoras de la vida; Por lo tanto, se supone que deben ser lo más puras posible, para poder concebir una descendencia sana con un linaje puro.

La pérdida de zonas sensibles es la causa de tantos divorcios hoy en día; Es importante reconocer si esto es algo que sufres. Para analizar tus puntos sensibles, empezarás de arriba hacia abajo; si estás con una pareja, será más fácil porque podrás explorar todo el cuerpo. Desde la cabeza hasta la parte trasera de las orejas, el cuello y la boca, el interior de la boca, la lengua, las mejillas, un punto clave son los pezones, a lo largo de la espalda, los brazos, el estómago y llega hasta la zona principal, que son los genitales. El punto sensible más común que se pierde en las mujeres son los pezones; Pueden quedar entumecidos, especialmente si se ha operado de algo. Lo peor que pueden hacer las mujeres es ponerse implantes al cortarse la areola; Un gran porcentaje de pacientes perderá la sensibilidad de los pezones, no todos, pero la mayoría, estos pueden reactivarse pero no es sencillo.

Con sentido común, admitamos que cualquier parte de tu cuerpo que toque tu ser querido debería sentirse increíble, ya que estás con la persona que amas, así que solo con que estén cerca de ti será suficiente para activar tu energía y excitación. Si esto no ocurre, significa que tienes un pequeño escudo, y si estás solo, aún puedes explorar qué zonas de tu cuerpo están entumecidas.

Dediquemos algo de tiempo a cada área con mucho amor y paciencia. Es la energía del amor y el cuidado la que despierta el cuerpo más rápido que cualquier otra cosa, pero también se puede hacer con una pareja amiga que sea muy consciente de lo que intenta ayudarte a conseguir. Tardará más porque no tienes energía de amor, pero al final funcionará igualmente.

Al llegar a los momentos de excitación y centrarse solo en estas áreas latentes mientras hay activación, poco a poco se le indicará al cuerpo que necesita crear nuevos puntos sensibles. Cuando algo está inactivo, hay que tratarlo con un poco de presión para despertarlo. Hay que presionar la zona del pecho y pellizcar y tirar hacia fuera los pezones. Esto causará algo de molestia al principio, pero con el tiempo ayudará a despertar la sensibilidad en los pechos. Zonas como el cuello deben tratarse con besos, igual que la espalda, que se pueden probar con plumas o con el toque suave de la mano.

Para despertar la boca, desde los labios hasta la lengua y las mejillas, es necesario mucho beso consciente y práctica oral. A algunas mujeres no les gusta hacer sexo oral, y este es un ejemplo perfecto para saber que los puntos sensibles de su boca no funcionan. Cuando la boca tiene todos sus puntos funcionando, la excitación de hacer sexo oral a su pareja será extremadamente excitante y producirá orgasmos involuntarios. La boca y el yoni están conectados, debes saber, que activar un extremo activa el otro.

El despertar de los puntos sensibles no ocurre de un día para otro; Hay que aceptarlo con paciencia y persistencia. Los puntos sensibles de los yoni formarían parte del ejercicio de la práctica de elasticidad en anillo. Tener una zona dormida significa entumecimiento o molestia, por lo que estas prácticas serán incómodas al principio hasta que finalmente empieces a despertar nuevas zonas. Eso hará que la vida merezca la pena. Necesitas alcanzar momentos de placer intensos con todo tu cuerpo, para poder experimentar un orgasmo energético de todo el cuerpo tan a menudo como sea posible. Un orgasmo energético es cuando todos tus puntos sensibles se activan por sí solos. Esto lo logran tanto mujeres como hombres. En los hombres, ocurre cuando se siente el orgasmo, pero no liberan fluido ni esperma, salvo la lubricación normal. Esto es lo que todo el mundo debería experimentar a diario. Es una corriente constante de electricidad que recorre tu cuerpo en diferentes momentos del día. Una oleada que recorre tu cuerpo y te hace estremecer. Esta es la verdadera conexión entre tú y el éter.

Trabajar en generar energía en parejas es un acto de amor, pero para quienes no tienen amor y lo hacen de mutuo acuerdo en busca de energía positiva, se hace muy lentamente, con un movimiento de bombeo donde el objetivo es el placer y no la destrucción vaginal debido a la liberación emocional. Es algo muy delicado que hace que la mujer sienta placer continuo. Pueden funcionar durante mucho tiempo, no solo unos minutos, y el placer es prolongado. Es la mujer quien empieza a necesitar más ritmo o velocidad de movimiento o pasivo-agresividad sin destrucción; Ella lo regula, no el hombre, y pide que sea más rápido.

Así que ahora ya lo sabes. Tu cuerpo es un organismo vivo con miles de puntos eléctricos que deben estar en pleno funcionamiento. Despierta tu cuerpo desde dentro hacia fuera, usa más manos, retiene más energía, valora tus orgasmos y vive en un estado constante de excitación. Esa es una vida de puro placer, que se refleja en muy pocas personas en el mundo.

Uso de la energía para
Salud, Riqueza y Amor

¿Alguna vez has hecho terapia de autoayuda? Esta es la oportunidad de poner eso en práctica, pero con energía activa, que era lo que te faltaba cuando hiciste todas esas terapias de autoayuda y nunca llegaste a ninguna parte.

Establecimos que el ritual de generar energía activa los tres puntos de energía: la voz, que actúa como amplificador; la mente, que es la guía mental; y el movimiento, que es el propulsor. Entonces, ¿por qué solo intentarías la meditación de abundancia solo con meditación? Lo que necesites será puesto en el universo con la fuerza de la energía que le des. Si tu generador de energía más fuerte es la excitación y, aún más, la intimidad en todos los niveles, entonces esta sería la energía que estarías usando para enviar tus pensamientos de abundancia al universo. Todas esas acciones, desde un abrazo hasta la mas fuerte intimidad, se acumulan.

Cuando alcanzas un nivel de apertura del 100% dentro de tu canal, es cuando meditaciones como la ley de la atracción funcionan sin mucho generar contenido sexual, porque estarás canalizando esta energía a diario. Aquí es donde manifestarás tus sueños; Cada pensamiento que tienes, y cualquier cosa que pienses, se convierte en realidad más rápido, si es para ti, claro. Así que, cuando ves a un vecino que parece estar haciendo todo bien, probablemente ni siquiera se da cuenta porque tiene buena energía y mientras haya amor en cada acción, habrá energía positiva.

Tus practicas de energía sexual serán todas primero con la intención que pretendas lograr. Proporcionarás un espacio de consuelo antes de cada ritual energético. Asegúrate de que todo esté limpio; Huela bien y la iluminación sea adecuada. Intenta trabajar siempre con la luz de arriba, porque la luz protege la habitación y la oscuridad da opción a que se atraiga negatividad, especialmente si tienes traumas o un canal cerrado. Debes comenzar con la meditación con tu intención, ya sea solo o con tu pareja. Pensarás en una meta, para adónde quieres que vaya la energía que vas a generar sexualmente. Durante dos minutos, respira hondo para relajarte y de a poco, sigues lo que sientes. No debes pensar todo el tiempo en tu meta, solo al inicio y al final. El pensamiento se alimentará por la duración y la intención del orgasmo. Dependiendo de lo que desees, puede que tengas que hacerlo varias veces. Si tu proyecto es muy grande, necesitara mas energía. Básicamente, estás usando la energía que estás creando para un objetivo específico y enviando energía sexualmente. Al final de tu práctica, también harás otra meditación de intención. Esta vez, ya viéndolo cumplido.

Claro esta que el éxito de tu meditación tántrica será acorde a que tan abierto y puro esta tu canal. Por eso tan importante primero hacer los ejercicios de limpieza energética.

Cuanto más veas tu objetivo a lo largo del día, más energía enviará tu mente hacia ese objetivo; Por lo tanto, las imágenes de los objetivos son buenas, nos dan una imagen vívida de lo que queremos. Con la energía sexual, amplificas los resultados, para algo que podría haber llevado años solo con una técnica mental, ahora te llevará mucho menos si es para ti.

Este es uno de los momentos en los que los orgasmos están justificados. Cuanto más tiempo pases sin soltar, más energía acumularás. Lo ideal sería jugar durante días y, cuando se acumule, seguir con una actividad y dejar que la liberación ocurra de forma natural. Nunca fuerces. Cuanto más juegues a lo largo del día, mejor es para tu acumulación de energía, que influye en todo, desde tu felicidad general, realización y salud, porque estás moviendo moléculas y endorfinas en tu cuerpo. Cuanto más se muevan, más células se regeneran, y no solo sentirás que estás en las nubes, sino que también lo emanaras.

Puedes establecer horarios en tu día como en un juego, incluso comunicarte por teléfono con tu pareja. El movimiento de energía no solo ocurre en el contacto físico, sino también en cada momento en que piensas en la persona, la ves o la escuchas. La conexión con la energía de tu pareja solo se fortalece con los años, así que nunca sentirás un vacío. Lo importante es mantenerla viva, en movimiento y generando. Genera energía de todas las formas posibles, desde el pensamiento hasta la acción.

Desde el simple gesto de coger una mano o mantenerlos presentes en tu mente. Tu cuerpo crea esa chispa de energía solo con esas pequeñas acciones, y una forma perfecta de saberlo es porque tu cuerpo y tu química también liberarán su reacción hacia esa persona demostrándose con excitaciones leves durante el día y mojaduras.

Estos tres puntos, lamentablemente, solo pueden alcanzarse si estás en una relación porque, por supuesto, puedes tener amor propio, pero eso no completará el amor incondicional por el otro. Debes tener ambas energías para completar un círculo completo.

Si aún no tienes pareja, entonces céntrate en tu objetivo de mejorar desde dentro hacia fuera, hasta que atraigas a la persona adecuada para tu mejor versión, no para un yo roto.

Retención de energía

La retención de energía no significa que estés absteniéndote de generar excitación y energía sexual. Significa que estás usando tu cuerpo en consecuencia para que tenga tiempo de recuperarse y proveer cuando sea necesario. Para el hombre, abstenerse de liberar significa que canalizará energía para su pareja, y cuando llegue el momento, entregará esa energía positiva que ha canalizado a su pareja femenina, cargándola, y entonces ella tendrá la tarea de poner esa energía a trabajar. Si no estás en una relación, conservarás tu energía para tu propio crecimiento personal. Debes escuchar a tu cuerpo cuando llegue el momento de soltar. Si liberas constantemente, nunca permites que tu cuerpo realmente se recupere, use y acumule esa fuerza.

Retener tu fuerza vital es lo mejor que puedes hacer, pero hay maneras, y no es igual para todos. Si eres alguien que vive en la playa a diario, asistes a un lugar de sanación diaria donde tu energía es transmutada por el agua del océano pues significa que puedes hacer retención de energía con gran beneficio, ya que estas en contacto con la naturaleza, sol, agua y descargas siempre. Todo depende de tu entorno, la naturaleza, el aire libre y el sol.

Si eres alguien que tiene un trabajo estresante y también tu hogar, estarás absorbiendo negatividad a diario. Es como cuando caminas por la calle y el polvo o la suciedad te cubren; Necesitas ducharte y limpiarte; La energía es el mismo proceso. Estar expuesto a cientos de personas al día significa que estás expuesto a su energía, lo que significaría que te cargas con energía negativa a diario, y como cada uno tiene una vibración diferente, inevitablemente la desprenden allá donde vayan. ¿Alguna vez te has cruzado con alguien que solo sabe decir qué le pasa en la vida? En estas situaciones, que es la mayoría de la gente, no te beneficiarías de la retención todo el tiempo porque necesitas limpiar del exceso de energía negativa. Si tienes positividad en casa, eso equilibrará y quemará cualquier energía negativa acumulada por el trabajo, pero si no generas energía positiva en ningún sitio, la negativa que absorbes empezará a hacerte sentir pesado, denso, cansado, solo, deprimido e incluso enfermo. Necesitas limpiarte de esa energía y la única forma de hacerlo es a través de la masturbación.

Puedes intentar conservar tu energía el mayor tiempo posible y solo actuar en una limpieza si notas alguno de los síntomas mencionados. La densidad de tus fluidos ambos en mujer y hombre en una limpieza será espesa, pastosa y mayormente blanca; El grosor y la pastosidad son la clave para saber que es negativo y te has limpiado exitosamente.

Tu cuerpo te dirá cuándo es crucial limpiar la energía tóxica.

Cuando empieces a retener tu energía, sentirás una inmensa fortaleza, confianza y excitación. Estás reteniendo tu energía creativa, la duración de la batería, y la vas construyendo cada vez más. Aprender a usarla y lanzarla solo cuando sea necesario traerá cambios interesantes a tu vida. Se trata de controlar tu canal.

El problema ocurre cuando adaptas tu cuerpo para vaciar tu energía de vez en cuando, algunas personas a diario, acostumbrándose a la sensación adictiva de un orgasmo vacío. Cuando liberas, te estás vaciando, y si no tienes una fuente positiva de dónde volver a cargarte, siempre estarás en una situación estancada. Tu cuerpo canalizará energía poco a poco para satisfacerse y usarla para tu salud, y al vaciarla constantemente apenas estás ahorrando energía para mantenerte sano. Verás, la energía recarga el cuerpo, y cuanto más combustible haya dentro, y aprendamos a moverlo y transmutarlo, más beneficio podemos obtener e incluso aprender a irradiarlo a otros.

La energía necesita movilizarse mediante un trabajo de respiración consciente fuerte, así que cuando sientes excitación, puedes liberar mucha presión de los genitales y moverla hacia tu cerebro, casi como si, al tirar de la energía hacia arriba, estuvieras alimentando a tu cerebro con más poder, incluso activando más neuronas. Recuerda, somos energía, y nuestro cerebro puede nutrirse de chispas de energía para alimentar a las neuronas, que luego ordenarán a nuestro canal conectarse a frecuencias más altas, y así sucesivamente.

La retención no significa que no ejercites tu energía sexual. Recuerda, esta es la energía que necesitas activar al menos una vez al día si quieres alcanzar la máxima fuerza, lo que significa que estás activado constantemente a lo largo del día. Cuanto más actives tu excitación a lo largo del día, más energía generará tu cuerpo, permitiéndole almacenar más energía en su interior y manteniéndose más saludable. Cuando entrenas tu cuerpo para permitirse sentir libremente durante el día y alcanzas ese nivel de excitación constante, ya no asociarás la excitación con el sexo, sino que la verás como un estado de conciencia elevado, donde estás conectado a otra dimensión donde todo es hermoso, pacífico y amoroso. Ese universo paralelo algunos tienen la oportunidad de verlo, y una vez que lo ves, nunca serás ni actuarás igual.

Si tienes problemas para hacerlo, no lo hagas todo de golpe y simplemente reduce el ritmo cada vez un poco más hasta que puedas pasar tus meses en un estado diferente de excitación.

Verás, en vez de soltar la sensación que tanto te gusta, vas a aferrarte a ella durante todo el día y la noche. ¿Te imaginas lo que ocurre dentro de tu cuerpo cuando empiezas a almacenar esa cantidad de energía?

Tus células empiezan a regenerarse, tu cuerpo se calienta, funciona mejor, tu mente estará enfocada y clara, y lo mejor de todo, estarás acumulando más energía para ayudar en situaciones externas que no tienen nada que ver con tu cuerpo. Empezarás a irradiar esta energía hacia los demás, esa sensación de placer que vive dentro de ti y a la que te aferras como un estado natural de existencia. ¿Te imaginas cómo se sentirá tu mente en un estado de excitación más prolongado? Donde no sientas impulsos, ansiedad, estrés... El mundo sería un mundo de alegría y paz, un estado placentero de existencia.

Cuanto más tiempo contengas tu energía sin liberarla, mayor será tu canal para acumular esa energía, porque cada vez aprenderá a almacenar más cantidades, lo que significa que también puedes durar más tiempo en un encuentro sexual, sintiendo placer durante más tiempo. Nunca debes retener algo que te salga de forma natural; Tu cuerpo necesita libertad de expresión. Si retienes durante unos meses y acumulas negatividad, te sentirás más denso. No está mal liberar cuando estás practicando retención; Simplemente es importante hacerlo cuando tu cuerpo lo necesita de verdad y no por puro placer o costumbre, sino para limpiar la energía tóxica que te hace sentir pesado. No te hará débil; Estarás usando la acción de la masturbación para lo que está destinada. Una vez que limpies tu cuerpo de la energía tóxica, este se repondrá y notarás que cada vez puedes pasar más tiempo sin liberar. Si tuviera que darte un periodo de retención que fuera saludable para ti, serían unos 3 meses. Vacía tu energía cada 3 meses; si estás soltero; si tienes una relación, aguanta todo el tiempo que quieras porque, pase lo que pase, te recargarás. Una relación se beneficiará más del trabajo energético cuando el hombre almacena suficiente energía para luego dársela a la mujer, y esta debe administrarse por vía oral para que el cuerpo femenino se recargue. Si el hombre es positivo y puro de energía tóxica, almacenará energía para dársela a la mujer cuando sea necesario. Si la persona tiene un trabajo estresante y necesita aliviarse, se ayudarán mutuamente.

Amor vs Lujuria

No hay ningún acto sexual negativo mientras se haga con energía positiva. Esto significa que incluso los actos que podrías considerar un poco pervertidos (mantenerse dentro de los actos normales, sin dolor) siempre generarán energía positiva si actúas por amor. Incluso dos desconocidos pueden unirse con un pensamiento consciente de generar energía, y no tener sexo, y la energía sería positiva.

La diferencia entre lujuria y amor es que el deseo es un sentimiento carnal que sentimos directamente en la ingle, y el amor es una sensación de mariposa que tenemos a un nivel más espiritual. Uno te dejará agotado de negatividad, y el otro te llenará de progreso. Uno te intensificará, el otro te apagará. Estas son las diferencias entre sexo y generar energía positiva.

Puedes generar energía sexual positiva con una pareja que no es oficialmente tu pareja. Recuerda usar solo las manos y la boca y no consumir los líquidos del otro en su lugar. Si la intención de ambos participantes es crear energía, practicar y potenciar su canal, entonces no generarán negatividad porque hay intenciones puras involucradas. Mover energía y mantener la elasticidad es necesario cuando se hace con conciencia.

Después de toda esta información, ha llegado el momento de recopilar lo que crees que puedes aprovechar y, lo más importante, compartir ese conocimiento con las futuras generaciones para que podamos fomentar futuros mejores y más saludables y un mundo donde reine la positividad.

Perseverancia

No hay nada que puedas hacer en esta vida y tener éxito constante sin perseverancia. Lo que diferencia a algunas personas de otras es la voluntad de seguir adelante. ¿Cuánto combustible tienes dentro para alimentar un sueño? Esto, por supuesto, es energía.

Lo imposible no existe, todo tiene su camino, y si aún no lo has encontrado, es simplemente porque aún no es para ti; Sigue perseverando en lo que realmente deseas y en lo que enciende tu alma. Cuando hay obstáculos en el camino, es simplemente una forma de demostrarle al universo que una vez lo logres, realmente te mereces lo que crees que mereces. Creemos que lo merecemos todo, pero la única forma de hacer realidad nuestros deseos es creando la energía que necesitamos para que se manifiesten. Cuanto mayor sea la generación de energía, mayor será la manifestación. La mente no es suficiente cuando el canal está corrupto o no genera la energía adecuada.

Utiliza el contenido de este libro para dominar mejor tu canal y, con el tiempo, ser recompensado con algo que no tiene precio: la realización de la vida misma, donde tu existencia es suficiente para ser un flujo constante de energía positiva para ti, tu familia y el mundo. No te desearé suerte, sino un buen camino por un nuevo camino iluminado con la información adecuada para construir tu propio éxito y por tu propia cuenta.

Buena energía!

FIN

www.ingramcontent.com/pod-product-compliance
Lightning Source LLC
LaVergne TN
LVHW011945220826
846092LV00001B/93